子育ての村ができた！

発達支援、家族支援、共に生きるために

北川聡子・小野善郎
［共編］

向き合って、
寄り添って、
むぎのこ37年
の軌跡

福村出版

はじめに

ある研修会でお母さんが娘さんから教えられたことを話してくれました。

「お母さん、平等ってわかる？」

「それはみんなお母さんのお腹から生まれてきた子どもということなんだよ」

私はこのことを聞いて、長年求めてきた平等の意味がこの娘さんの言葉を通して、すーっと腑に落ちたように思いました。娘さんの言葉にあるように、みんな平等の命のはずなのに、障害があったり、困り感を抱えていたり、病気だったりすると、その分、生きるときに苦労を背負うことがどうしても多くなります。


若い日に初めて会った自閉症の少年は、他害や自傷が激しく、とても驚いたのを今でも覚えています。その行動に反して、彼の目の純粋さ、賢さ、そして「お前はどうなんだ。信頼できる人なのか」と、挑戦的な眼差《まなざ》しで私を見つめていたのです。

彼の本当の気持ちはわかりません。私がそう感じ取っただけです。でもそのとき、重い障害があって言葉のない人たちの内面の意思や意欲、感情などがはっきりとあり、そのことを感じ取れないのは私たちの方であることを感じたのです。

彼の目は、希望のある未来をつくることへの挑戦状だったのかもしれません。希望のある未来のためには紆余曲折がありました。それでも、いつも障害のある子どもたちのぶつかる壁に対して、問題を問題とせず、困り感をそのままにせず、不可能を可能にするために、みんなで取り組んできたのが「むぎのこ」の歴史ともいえます。

それは障害があったり、困り感がある子どもが「自分ってすばらしい」と思えるようになり、まわりの人たちも同じように感じていくための営みです。この「むぎのこ」の営みは、子育てが大変になった今、すべての子どもに通じることだと思います。

もう三十年くらい前のことです。そのころは、「保育園に入れるのはかわいそうだ」、「子育ては母親の責任」という風潮がまだ強かった時代でした。そんな時代なのに、お互いの子どもが同じ保育園に通園していた古家先生（現むぎのこ統括部長）によると、私が保護者懇談会で「子どもは保育園で育ててほしい」と言ったそうです。そしてそれを聞いた保育士さんたちがとても驚いて「新人類のお母さん」と言っていたそうです。今では、「むぎのこ」のミッションにもあるように「一人の子どもを育てるには、村中の大人の知恵と力と愛と笑顔が必要」、「社会全体で子育てを応援する」という価値観に少しずつ変わってきましたが、その時代に変わったことを言う私は不思議な存在（新人類）として見られていたようです。

そんな変わった存在だったから、未来の保障がないまま「むぎのこ」をつくったときも、まわりからそのような目で見られていたのかもしれません。当時の多くの人たちは、今日まで「むぎのこ」が存在するとは思ってもみなかっただろうと思います。「むぎのこ」が今、子育ての拠点として存在できているのは、あの自閉症の少年の心と約束したからです。それが私の原点です。

「むぎのこ」の子どもたちが地域の小学校に通えるように、お母さんも一緒に学校に通い、授業への参加がむずかしい子どものためにはフリースクールを立ちあげ、障害があってもあきらめないで一緒に勉強し、また時には子どもたちとお母さんも一緒にサイパンやグアムなど海外に行ってみんなで楽しんだりもしました。不登校になったり学校との関係で大変になった子どもたちもいましたが、そんな子どもたちや家族の希望がなくならないように居場所づくりもしてきました。そんな彼らは、何事もなかったように高校から学校に行き始め、大学まで行った子どもたちも大勢いて、人生を楽しんでいます。そして、それぞれに自分のすばらしいところを生かして、グループホームやアパートに住み美容師、児童指導員、福祉サービスなど、それぞれにすてきに社会とつながって、人から必要とされ、それまで支えられる側だったのが社会を支える側になっていることは、何よりもうれしいことです。

大学に行った子どもたちも小学校のときは特別支援教育を勧められました。特別支援教育も必要ですが、一人ひとりの子どもたちの生育歴を振り返ってみると、特別支援教育に進んでいたらこの子たちの可能性の選択肢は狭まっていたかもしれないと思うことがあります。

子どもが自分の可能性を発揮できるように、子どもの困り感を安心感に変えようとあきらめないで取り組んできたのが「むぎのこ」です。そのためにいろいろな葛藤がありましたが、失敗をたくさん積み重ね、そのことを新しい歩みに変えてきました。さらにはお母さんたちと一緒に大学院で臨床心理学を学んだり、日本だけにとどまらず世界中の進んだ実践を見に行って学んできました。

でも不思議なことは、「むぎのこ」を支えてきたのは一見我慢と努力が苦手に見える人でありながら、子どものためには地道に継続できるグリッド（やり抜く力）のある人が多いことかもしれません。本当に一人ひとり多様性があって面白い個性がある人たちです。職員には、不登校・ひきこもり経験者や自閉症の診断を受けている人、卒園した人、卒園児のお母さん、お父さんなどいろいろな人たちがいて、かつては支援を受ける側から今は職員として支援する側に回ってくれている人もいます。努力と我慢は苦手でも、みなさん当事者としての多様性が子どもや困り感のある人たちの気持ちや波長に寄り添って、チームの色彩を豊かにしてくれていると思います。そんな「むぎのこ」を見て「むぎのこはある意味、子どもを守る特殊部隊だね」と言ってくれた人がいました。そしてまた笑い合うことが多いのも特徴といえます。

右も左もわからないけど意欲だけはあった学生四人が立ちあげてから三十七年の年月を経て、「むぎのこ」も思春期を過ぎて大人として自立しなければならないところに来ているように思います。思春期は、「迷い・悩み・不安」の時期（小野、二〇一九）と言われますが、この本はそんな時期をやっと越えた「むぎのこチーム」の物語です。

この本の中には、子どもを育てることの本質や子どもを見捨てないで手をつなぐこと、どんな状況になっても幸せをあきらめないことなど、苦労しながら子育てしてきたお母さんやお父さんの生の声や気持ちがちりばめられています。

「むぎのこ」は今日も、そしてこれからも、目の前の子どもたちや家族、困り感のある方々の応援団として、クリエイティブにいろいろな人たちと手をつなぎ歩み続けていきます。

これまでお世話になったみなさまに今の「むぎのこ」をご報告させていただくとともに、地域の大人たちの知恵と力と愛で子どもを育てていく「むぎのこ村」の実践を多くの方々にご紹介できればと思います。

社会福祉法人麦の子会　総合施設長　北川聡子

【引用・参考文献】

小野善郎（二〇一九）『思春期を生きる——高校生、迷っていい、悩んでいい、不安でいい』福村出版

◉もくじ

※むぎのこは、一九八三年に認可外保育施設（無認可）「麦の子学園」として始まりました。その後、一九九六年に社会福祉法人麦の子会として認可を受けました。以来、施設名は「麦の子」から「むぎのこ」になります。本書では表記が煩雑になるのを避けるため、正式名称を表記する場合を除き、法人を示すときは「麦の子」、それ以外は「むぎのこ」と表記してあります。

（カバーと本文の写真提供むぎのこ）

第一部

むぎのこ物語

すべての子どもの命が輝いて大人になるために

第一章　社会福祉法人 麦の子会

一九八〇年代はじめの札幌には知的障害児通園施設が一つしかなく、療育をする通園施設がもっと必要という思いで、大学生のとき障害のある子どもに関わるボランティアで出会った北川（現総合施設長）と三人の仲間の四人で通園施設設立準備委員会を立ちあげました。そして四人が大学を卒業したばかりの一九八三年四月に小さな教会を間借りして、発達に心配のある就学前のお子さん（特に知的障害のある方）に対して発達の支援と困難を抱えた家族の支援を行う施設「麦の子学園」として無認可でスタートしました。そして十三年後の一九九六年一月、社会福祉法人麦の子会として認可を受け、時代と社会のニーズに合わせて事業を拡張しつつ、児童福祉法、障害者総合支援法、子育て支援法に基づいた子どもへの支援サービスを行いながら現在に至っています。

事業別に分けると、子ども発達支援部門・成人部門・社会的養護部門・地域支援部門があります。

【子ども発達支援部門】（データは二〇二〇年二月現在）

（乳幼児支援）

●むぎのこ児童発達支援センター

・定員：四十七名（契約六十七名）

●児童発達支援事業所（九事業所）

・むぎのこ（一・二歳児）、セーボネス（二・三歳児）、スタディ（二・三歳児）、プレイ（四歳児）、ライオン（四歳児＋重症心身障害者）、シーランチ（五歳児中心）、ヨシア（五歳児）、大通、ライラック

・定員：一カ所十名、重心のデイサービスは五名（全体で九十五名）

●企業主導型保育園

・むぎのこ保育園

・定員：三十五名

児童発達支援センター事業の一日の活動（プログラム）は図1-1のようになっています。基本的な設定の活動は、十時から十四時四十五分までですが、働いているお母さんや、支援が必要な家庭のために、早い子は朝八時半ごろから登園し保育が始まります。十時から十三時まで、子どもと一緒に通園できるお母さんは母子通園をしています。母子通園の時間は、子ども

と向き合う時間です。終わったあとは、自分のことや家事の時間にするようにしています。親子で楽しい時間を過ごすために、できるだけ母子通園を勧めていますが、強制ではなく、単独通園にして美容院に行ったり、働いているお母さんもたくさんいます。三分の二くらいのお母さんたちは、日中一時支援事業（むぎのこ、ヨシア、スタディ、セーボネス）を利用し十六時半以降まで活動をしてから帰っています。

時間	内容	療育のポイント
9：00	①自由遊び 　絵本・手遊び	・場、人に慣れる ・人への関わり
10：00	②リズム 　はじまりのわらべ歌 ③あつまり ④朝の会 ーあいさつ・シール貼り ー名前呼び ー動作歌 ー親子遊び　等	・あいさつ ・活動説明 ・親子関係 ・呼名、発声意欲 ・動作模倣 ・親の働きかけ ・スキンシップ （触覚）
10：45	⑤認定保育 ー運動遊び・外遊び ー製作遊び ーやり取り遊び ー散歩・水遊び	・戸外活動、発散 ・指示理解 ・人への働きかけ ・やり取り ・感覚への刺激
12：00	給食・はみがき・排泄	・身辺自立
13：15	お昼寝	
14：45	帰りの会	
15：00	日中一時支援	16：30～　帰園

図 1-1　児童発達支援センターの 1 日の流れ

●放課後等デイサービス

〔学齢期支援〕

・プレイ（一年生）、むぎのこ（一年～高校二年）、ライオン（一年生）、ライラック（三年生）、ジャンプレッツ（五年生～中学生）、ヨシア（二年生）、シーランチ（小学生）、野の花（五年生）、ブラックベリー（中高生）、グリーン（四年生）、大通教室（小学生）、ピッピ（六年生）、ユスタバ（二年生）、チェリーブロッサム（中高生）、スカイブルー（小学生）、トゥモロー（小学生）

・定員：ヨシア、グリーン、チェリーブロッサム、スカイブルーは二十名、他は十名。

学校が終わって十四時過ぎから各事業所に登園します。活動を通して自己肯定感が高められ、流れの中でソーシャルスキルが身につくように、工夫しています（図1-2）。たとえば登園して、フロントで待っている先生に、あいさつをして今日の流れを確認する。そしてカバン・ジャンパーを片づけ、宿題・静の遊び・おやつ・ミーティング・設定課題と一人ひとりの子どもが流れを理解し、スタッフとコミュニケーションをとりながら活動は進められています。一人ひとりの目標が達成できるように、またスタッフは子どものよいところに注目してたくさんほめることを大切にしています。

時間	内容	療育のポイント
14：00	①集合 宿題 静の遊び	・学習
15：30	②ミーティング おやつ	・あいさつ ・活動説明 ・社会スキル練習
16：00	③設定課題 ー運動活動 ー製作活動 ー交流活動	・自己主張 ・行動調整 ・コミュニケーション ・指示理解
17：00	④帰りの会	

図1-2　放課後等デイサービスの1日の流れ

ブラックベリーは中高生の夜間の学習支援もしています。チェリーブロッサム、スカイブルー、トゥモローは不登校の子どものためのクラスなので朝から開所しています。

〔心理・相談支援〕

むぎのこは子どもの発達支援だけではなく、お母さん、お父さん、家族の支援もしています。子どもが安心、安全に暮らすためには、お母さん、お父さんの心の安定が欠かせませ

表 1-1　むぎのこ児童発達支援センターの心理・相談支援

グループカウンセリング	2 歳児、3 歳児、4 歳児、5 歳児：週 1 回午前 学齢児：月 1 回午後
個別カウンセリング（随時必要に応じて）	60 人（現在行っている人数）
トラウマケア	月 2 回
自助グループ	グループによって月 1 ～ 2 回
パパミーティング	毎週土曜日 20：00 ～
ペアレントトレーニング （コモンセンスペアレンティング）	グループカウンセリングの前

ん。そのために段階に応じた心理・相談支援を行っています。詳しくは第三章で触れますのでここではシステムだけ紹介します（表1－1）。

グループカウンセリング

特別なニーズを持つ子どもの子育ては、他の子と比べるとゆっくりと発達することが多く、特性もあります。したがってお母さんたちの悩みも多くなります。そのためには個人のつらさや弱さを、複数の同じ悩みを抱えている仲間と共有することが大切です。お互いの気持ちを理解し合う経験を通して、自尊心が高まっていき、自分自身を知る機会にもつながり、自己肯定感を持つことができます。お母さん自身が自分に肯定感を持って子育てすることは子どもへの自信につながります。

子どもが幼児の場合は、週一回、学童は月一回、年齢ごとに五、六人、多いときには十二人くらいで一回一時間程度やっています。

個別カウンセリング

グループというたくさんの人がいる前では話せないこともあります。自分の大切な話を一人のカウンセラーと話したい場合、心の状態が非常に不安定な場合、治療的な癒しが必要な場合などに、専門の教育を受けた心理士が一対一で対応します。

自助グループ

以前に同じ問題や悩みを抱えながら自立して、今ではむぎのこの職員になった先輩お母さんがファシリテーターになって、お母さん同士だけで語り合う場です。虐待をされて育った、子どもを虐待してしまった、自死した家族がいる、新興宗教問題、依存症など、さまざまな問題ごとのグループから自分が参加したいグループに参加してもらいます。このピアカウンセリングには非常に重要な可能性が秘められています。

トラウマケア

二〇〇〇年、トラウマのワークショップをお母さんたち向けに行っています。始めた当初はまだ子どもの虐待やトラウマ、DV（ドメスティック・バイオレンス）問題が一般的ではなかった時代でしたが、育ちの中での心の傷の癒しが必要ではないかと考え行ってきました。西尾和美先生のワークを受けたお母さんたちは自分の育ちを振り返り、肯定し、新しい関係性を子育てに生かしています。間接的に子どもたちも肯定されることにつながるため、親の心理ケアの大切さを感じます。

最近ではトラウマフォーカスト認知行動療法（TF-CBT）を白川美也子先生から教えていただき、子どものトラウマケアの大切さも実感しているところです。

母親学習会

毎月一回行われるお母さんたちのための学習勉強会。先輩たちの体験談や発達や療育について専門家の話を聞くことができます。

パパミーティング

お母さんだけではなく、お父さんも月一回、土曜日の夜に男性職員が入ってコモンセンスペアレンティングの勉強会をして、お父さんたちの悩みや子育てに関する情報交換をしています。年に二回土曜日に父親（家族）参観も設けています。

【成人部門】

●障害者生活介護事業

・ジャンプレッツ（多機能生活介護事業＋就労移行支援事業）
・スワンカフェ＆ベーカリー　ハーベストガーデン（共同生活介護・共同生活援助事業）
・トリニティ
・グループホーム（十カ所）

成人部門は、生活介護事業・就労移行支援事業の多機能型のジャンプレッツ、生活介護事業ハーベストガーデン・生活介護事業トリニティ・共同生活介護ホワイトハウス（十カ所）で構成されています。

生活介護事業は、十時から十六時までの中で午前・午後に分け、作業（畑・洗車・除雪、パン製造、販売など）、スポーツ（ソフトボール・歩くスキーなど）、文化的活動（フラダンス・英会話・茶道など）を通して、豊かな生活を目指しています。

また、日々の活動や、多くの行事を通して、地域や社会とつながることを大切にしています。自己決定・選択を大切にしており、活動など自分で選択できるよう工夫しています。

就労移行支援事業は、麦の子会児童デイサービスの給食づくりを担っており、調理の作業工程を学びながら、一般就労を目指しています。また、ペアレントトレーニングやソーシャルスキルトレーニング（SST）を通して社会スキルを学んでいます。

共同生活介護（グループホーム）は、日中活動が終了してからの生活の支援を行っています。日々の生活の部分の自立をサポートできるように支援しています。

支援の方針

・障害のある自分を愛し肯定すること、他者を大切にすることを重んじ、人と人とが尊重し合える施設とする。

・本人の意思を大切にし、その意思が実現できるような活動をしながら体験を広げ、さまざまな活動に挑戦できるように支援する。

・通所者の家族と職員のコミュニケーションを十分にとり、家族支援・生活支援を行う。

・障害があっても地域で当たり前に生きることを通して、みんなが大切にされる社会を目指す。
・地域に開かれた施設として、実習生やボランティアを広く受け入れ、近隣小中学校とも連携し、児童・生徒の訪問を歓迎する。
・人権侵害ゼロを実現するための援助技術の研鑽《けんさん》と研究に努め、必要な環境改善を推進する。
個人情報の守秘。

【社会的養護部門】

●ファミリーホーム

・ガブリエルホーム（定員六名）、ベーテルホーム（定員六名）
・里親（十九組、子ども三十五名、一時保護委託三名）

乳幼児から高校生まで、ほとんどが発達に心配のある子です。二〇一八年四月から一年間、札幌市の里親トレーニング事業の委託を受けていたので、里親をされている方やまだ里親の委託を受けていない方に対してペアレントトレーニングや研修会を行っていました。

里親さんやファミリーホームへの支援として、里子は昼間は児童発達支援事業所、学校、放課後等デイサービスを利用しているのですが、家で過ごしているときにも里親家庭やファミリーホームの職員だけでは対応が大変なときもあるので、ヘルプが必要な場合には職員がかけつけたり、地域に住む同じ世代の子ども集団が話を聞いたりなど、地域の中でチームとして里親家庭も支えています。

〔生活支援〕

・居宅介護事業所むぎのこ（ヘルパー事業所）

・ショートステイホーム

ピース（定員六名）、むぎのこ（定員六名）

この他にも、むぎのこでは子どもや親御さん自身の子育ての負担を軽減できるように、利用できるサービスがあります。

〔ドアツードア送迎〕

重症心身障害（重心）などさまざまな障害を持つ子どもや精神疾患のあるお母さんもいるので、通園の負担を和らげるためにドアツードアのバスなど車による送迎をしています。これによりできるだけ通園の機会を多くし、子どもらしい日中活動ができるための支援です。

〔ショートステイ〕

生活支援ということでショートステイホームがあります。障害のある子どもの子育てが大変なお母さんのレスパイト（一時休止）だけではなく、睡眠障害の治療的な関わりが必要な子どもや、虐待が疑われた子が緊急的に泊まったりもします。児童相談所からの一時保護委託で来る子たちもいたりします。福祉型のショートステイですが、トイレやお風呂がバリアフリーのつくりになっているので、重心児や医療的ケアの必要なお子さんの利用もできます。

〔ホームヘルプとの連携〕

発達に困難のある子どもは、食事や入浴という日常の生活場面でも落ち着いてできないことがあります。また養育者自身が疲弊してしまって、家事ができなくなるなど、生活自体に支障をきたすことが出てきます。そんなときにヘルパーが家庭を訪問して介助を行うサービス（居宅介護事業）を行っています。ヘルパーさんの中心は先輩ママたちです。

【地域支援部門】

・相談室セーボネス支援事業所（子どもから大人まで地域相談事業所）
・むぎのこ子ども相談室（指定障害児相談支援）
・保育所等訪問支援事業
・障がい児地域支援マネジメント事業
・むぎのこ発達クリニック

札幌市の「障がい児等療育支援事業」、「保育所等訪問支援事業」の制度に基づいて、保育所等訪問支援事業や障がい児地域支援マネジメント事業では、年に二回札幌市東区の児童発達支援事業所や放課後等デイサービスを回ってその事業所で困っていることを聞いたりしています。また自立支援協議会の子ども部会の部会長を仰せつかっていますので、札幌市の障害のある子

地域支援（保育所等訪問支援、療育支援、専門支援）
障害者相談支援（相談室セーボネス）
居宅介護事業所むぎのこ：ホームヘルプ（相談、療育支援）
むぎのこ発達クリニック（医療的支援・発達支援）
福祉、医療、労働等関係機関との連携

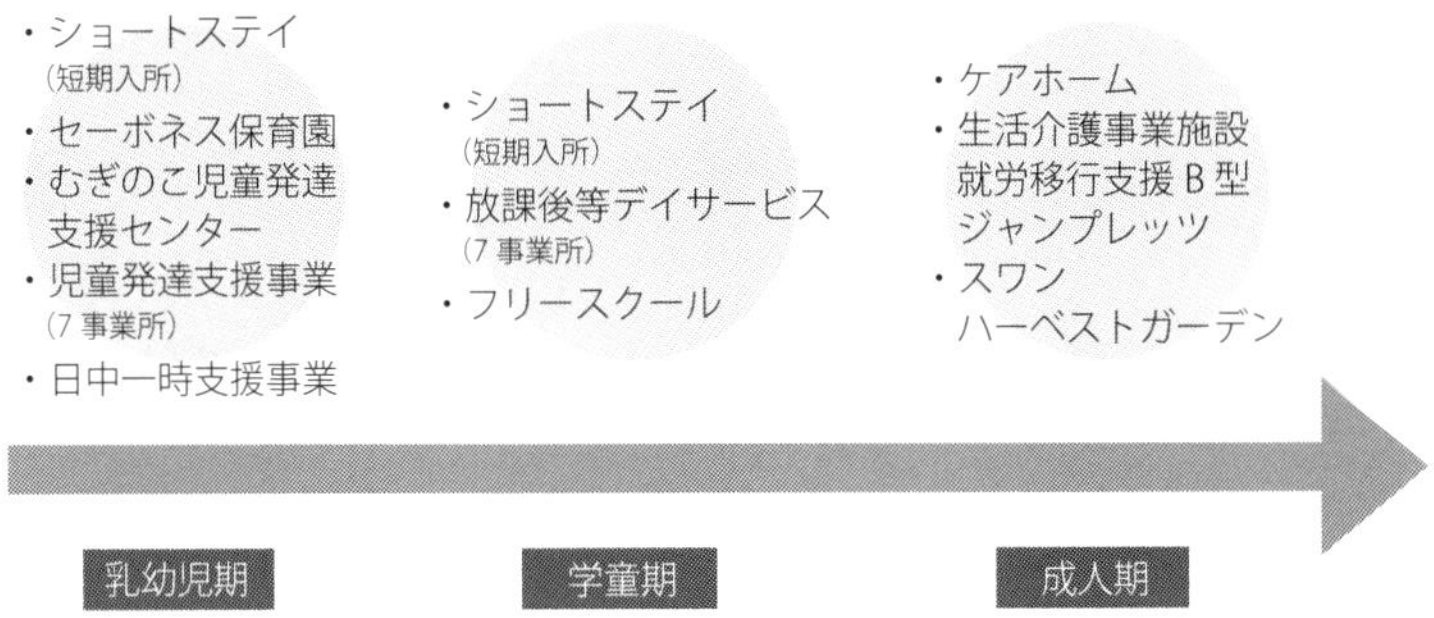

図 1-3　麦の子会の発達支援システム

どもと家族がよりよく生きられるようにさまざまなプロジェクトや研修を札幌市の関係者と共に力を合わせています。

　また札幌市の児童発達支援研修会を行っています。札幌市内に九つの児童発達支援センターがあり、その地域の約五十カ所の児童発達支援事業所と放課後等デイサービスの職員、あとは幼稚園と保育園のスタッフが集まって行っている地域ごとの研修会が年に二回、全体の研修も一回あるので、合わせて年に三回研修会を行っています。

　児童発達支援研修会はグループワークを中心に行っているので、地域にある事業所の職員と一緒に顔の見える関係づくりや連携にもつながっています。

　むぎのこに通う子どもが、むぎのこ以外の地域の保育所や幼稚園に通う場合もあります。

その場合には、その機関と情報の共有や連携をはかり地域全体で支援をしています。

就学前だけでなく、小学校に通う学齢期についても子どもが通う学校（クラス）と連携してむぎのこの子どもだけでなくサポートに入っています（学校支援）。

相談支援の事業所として札幌市から委託された相談室セーボネスがあります。むぎのこのお子さんだけではなく、地域に住む障害のある方からの相談を基本として、家族全体が困難を抱えている場合や公的機関への手続きややりとりがむずかしい場合に、制度の説明や受給の相談、公的機関との手続きへの同伴なども行っています。


このように子ども本人への発達支援、子育てをする家族支援、地域全体への支援を、チームアプローチとして職員全体で連携しながら行っている他、卒園児のお母さんたちが助け合って子どもたちを見てくれたり、また同学年のお母さん同士の支え合いで、助けたり助けられたりしながら、みんなで子育てをしています。

今年度（二〇二〇年）の麦の子会の職員手帳にも載っているミッション（存在意義）とビジョン（組織として目指す姿）を紹介します。

・ミッション――共に生きる
むぎのこは困り感のある人たちを救い、共に生きるために存在しています。生まれてくるとき、何一つ自分で選択できません。しかしみんなが、生まれてきてよかったと思える日々、そして、この世は生きるのに値すると思える社会、すべての人が、リスペクトされ、敬意をはらわれる世界を創っていきます。

・ビジョン

一人の子どもを育てるには、村中の大人の知恵と力と愛と笑顔が必要です。むぎのこは、困り感を感じている子ども・人・家族・働く人が出会う場であり、やさしさを通じて一人ひとりが本来持っている光が輝き、それによって生まれる新たな価値を世界に発信し、世界中の人々の幸せを追求します。

そんなむぎのこ（麦の子会）ですが、どんな歴史を辿ってきたのでしょう。次の章ではむぎのこ（麦の子会）の三十七年の歴史を振り返ってみます。

第二章　むぎのこの誕生からの歩み

一　むぎのこ誕生

むぎのこは、学生時代にボランティアで障害のある子どものグループに関わっていた大学も学部も違う男性二人、女性二人の若者四人が出会い、障害のある子どもたちが毎日通える場がもっと必要との思いで一九八二年に通園施設設立準備委員会を立ちあげ、四人が大学を卒業したばかりの一九八三年四月に設立されました。むぎのこの名前は聖書にある、一粒の麦が地に落ちることによって多くの新しい豊かな命が生まれる「一粒の麦」の話から、そして踏まれれば踏まれるほど強く成長する麦のように、子どもたちが未来に向けて豊かに伸びていくことができるように願いを込めてつけました。

とはいうものの、実は確固たる理由、特別な使命感も理論的な裏付けもないまま、ただやろうという思いだけで、四人の仲間と始めたのでした。実際、開園直後に札幌テレビの取材が入ったときに、ディレクターから「どうしてむぎのこを始めたのか、最後までわからなかった」と言われたほどでした。無謀だったのかすら大学を出たての若い私たちにはわからず、そのうえどのような関わりをすれば子どものよりよい成長につながるのかを証明する実践もなかったですし、そのことを説明する言葉すら持たなかったのです。そして、療育がなぜ必要なのかが曖昧なままスタートを切ったのです。

私が療育に関心を持ったのは、行動に困り感のあるように見える自閉症や障害のある子どもたちの「眼差し」に賢さと純粋さを感じたことがきっかけです。障害がある子どもも大人も、障害があってもなくても、みんな同じ心を持つ仲間ということが私の感じた原点でした。

結果的に、その考え方が強みでもあったし、弱みにもなりました。しかし、このことが今日に至るまで大きな影響を与えることになるとは、当時の私はまだ知る由もありませんでした。

私は自閉症の子どもたちが大きくなったらどんなふうに成長するのだろう、そしてもし課題があるとすれば小さなころからどんな環境が必要なんだろうと思い、大学の卒業論文は「自閉症児者の幼児期から学齢期、成人期にかけてのライフステージの現状と今後の課題」をテーマにしました。北海道にある学校や成人施設でヒアリングを重ねるうちに、そのころ自閉症の支援が不明確で、学校でも成人施設でも支援方法がわからず困っていたという印象を持ちました。支援者の方が今までの知的障害がある方への支援と違い困っていたのですから、自閉症の方ご本人も当然困っていたのではないかと思います。なかなかうまく関われず、本人も不安になって、自傷や他害などがある方もたくさんおられました。この方たちの、小さいころの療育はどうだったのでしょう。自然とそんな疑問が湧きあがってきました。

札幌市の通園施設の制度は一九六一（昭和三十六）年に始まっていましたが、当時の札幌には幼児の通園施設は一カ所だけでした。子どもも支援者も困っている現状に出会い、毎日通園できるところがもっと必要なのではないかと思いました。

二　療育の体験

このころから障害のあるなしにかかわらず、人が幸せに生きるためには何が必要なことなんだろうと漠然と思っていました。しかし思いはあっても、どんな支援をすればいいのか、それがほとんどわかっていない若者でした。そこで自閉症の子どもたちのために通園施設をやっていくには、何よりも療育について学ばなければならないと考えました。

そのためのお金もなかったのですが、たまたま大学四年生のとき、北海道社会福祉協議会が学生の私に東京の通園施設を見学し研修する機会を与えてくれました。そこで出会ったのが東京の郊外、小金井市にある賀川学園でした。当時の賀川学園はとても古い元牧師館で知的障害児通園施設（現児童発達支援センター）を運営し療育を行っていました。その療育内容は今でも覚えています。短くはっきりとしたわかりやすい子どもへの声がけ、静と動がうまく組み合わされためりはりのあるスケジュールや場で遊びや生活をつくっていて、自閉症の子どもたちも取り組みを理解して主体的に参加し、子どもたちも先生たちもとても楽しそうでした。

そこで教えていただいた、みんなで手をつないで「ヨコヨコヨコヨコよ」、「マエマエ」、「ウシロウシロ」と歌いながらする音楽遊びは、横と縦に回るだけの遊びですが、自閉タイプの子どもが特に大好きで、今でもむぎのこで毎日子どもたちと行っていて、むぎのこの文化になっています。

療育内容だけでなく、賀川学園の建物があまりに古くて（失礼ながら）けっして立派な通園施設ではなかったというハード面を見たとき、頭の中で、「もしかしたら私たちもどこかをお借りして通園施設ができるかもしれない」という思いになり、具体的なイメージを抱くことができました。さらに賀川学園があった当時の小金井は住宅街の中に畑もあり、札幌市東区にとてもよく似たのどかな雰囲気だったのも私のイメージを膨らませる一因でした。

賀川学園の先生たちには、一日の療育をどのようにすべきか、障害のある子どもと親との関係、家族支援の大切さなどを教えていただきました。特に、当時園長の武井真先生がずいぶん時間を割いてくださって、まだまだ未熟な学生だった私に哲学者のような語り口で本当にたくさんのことを語ってくださいました。鋭い観点で障害児のことを語る先生との話は、時間を忘れるほど楽しくワクワクしたことを今でも覚えています。

賀川学園での経験は、比較的重度の子どものために幼児期から毎日通園する場がやはり必要であることを強く感じた出来事でした。

三　施設での学び

自閉症の子どもたちのために通園施設をやっていくためには、もっと療育について学ばなければならないと考えて、北海道でおしまコロニー（現侑愛会）の村川哲郎先生や竹下敏雄先生を頼って、何回も療育の実習をさせてもらいました。つくしんぼ学級やおしま学園の母子訓練なども体験し、最後に片倉信夫先生（故人）のいる成人施設にも入らせてもらいました。片倉先生は東大出身でユニークな取り組みについて書かれた自閉症の本も出版されていた有名な先生でした。

その成人施設で、あるとき一日中重度の自閉症の方々と雪かき作業を三日間しました。体を使っての肉体作業などしたことのない学生だった私は、何度も繰り返す単純な除雪作業は疲れるしつまらないと思って、つい片倉先生に「なぜ意味のない除雪を何度も何度もしなければならないのですか」と聞いてしまったのです。当時から私はまず自分が勉強すればいいのに、疑問に思ったことはそのそばから率直に聞いてしまうところがあり、若輩だったとはいえ今思えば本当に失礼だったと思います。

先生は笑って私の質問に答えてはくれませんでした。あとから施設の女性職員の方に聞くと、そんな私のことを先生は、「このごろの学生は甘いな」と仰っていたそうです。そしてその方から「片倉先生が来てから重度の自閉症の方はたしかに落ち着いて伸びました」と教えていただきました。

「甘い」と言われたことは当たりすぎているのですが、当時の私は「なんだか悔しいなぁ」と感じるだけで、「甘く」なくなるにはどうしたらいいのだろうと考えましたが答えがでませんでした。こんな失礼な私だったのに、先生のご自宅に招いてくださったり、二十年後にむぎのこから自傷他害の激しい少年を受け入れてくださったり、厳しさの中にやさしさがある先生でした。

ちなみに、今でもむぎのこの成人支援施設のジャンプレッツでは、除雪作業を冬の大事な作業と位置づけて取り組んでいます。ジャンプレッツの青年たちは都会育ちなので、一日中雪かきをし続けることはむずかしいですが、先生から教えていただいた手順どおり繰り返し必要な課題を続けるための支援者のサポートのあり方、人のために汗を流すことの大切さは、障害のあるなしにかかわらず人として大事にしなければならないことだと少しずつ理解できるようになりました。

片倉先生は、大の自閉症好きで、自閉症の特性を知り尽くしておられた先生でしたが、障害があっても人としての倫理に外れた道を歩んではいけないという点においては、自閉症の方であってもそうでなくても、同じように厳しく、そしてやさしい眼差しで自閉症の方たちと共に歩んでおられました。

四　牧師さんからのプレゼント

一九八二年、通園施設設立準備委員会を四人の同志で発足しましたが、当時私は札幌の教会の青年会のつながりの中で、いろいろな人たちとの出会いがありました。その一人札幌元町教会のＩさんが、私たちが障害のある子どもの療育の場を探しているということを聞いて、「札幌元町教会の会堂は、月曜日から金曜日までの日中は使っていないので、考えられるかもしれない」と教えてくれました。

そこでさっそく札幌元町教会の本行牧師にお会いしてお願いをしました。本行牧師は未熟な若者だった私たちの話を真剣に聞いてくださり、「それでは役員会に話しに来てください」と言ってくれました。

教会の役員会でどんなことをしたいのか、実際に会堂を使わせてもらうときはどのようになるのかなどを、今みたいなパソコンもパワーポイントもない時代でしたので、絵に描いて紙芝居のようにドキドキしながら説明させてもらいました。もちろんみんなが賛成してくれたわけではなく反対される方もいました。私たち四人ががんばって札幌で新しく通園施設を始めるという話を聞いたボランティア先のスタッフの方たち、また教会関係の方々などお世話になっていたまわりのほとんどは反対しました。社会経験もない、まして福祉や支援の知識もない若者が、障害のある子どもの通園施設を始めようとするのですから当然です。今の私でもそんな若者を見たら反対すると思います。知識だけではなく、お金も将来に対する見通しもないことにかけるのは危険すぎます。今考えても本当にありえないことを始めてしまいました。そして反対する人もいてくれたこの体験が、私たちにとって初めての社会参加だったといえます。

一方で、賛成して応援してくれた方もいました。麦の子学園の設立以降は教会のＩさんが中心になって後援会組織をつくってくださり、全国の教会関係を中心に趣意書を郵送して支援していただける方々の輪を広げてくださいました。設立前に応援してくれた方の代表は、札幌元町教会の本行牧師と札幌北部教会の榎本牧師でした。特に本行牧師は、社会経験もない私たちに厳しい一面もあって、先生は鍛錬のつもりだったのだと思いますが、当時の私たちは一から十まで厳しいと思っていました。

とにかく本行牧師のご尽力もあって、その年の十一月、なんとか札幌元町教会の会堂を月曜日から金曜日まで、わずかな金額でお借りすることができるようになりました。

そして翌月のクリスマスにサンタクロースという名前で匿名の方からプレゼントが届きました。あとからわかったことですが本行牧師からのプレゼントでした。厳しさの中にある先生の愛を感じました。一方の榎本牧師は、「若者だからできることがある。よっしゃあ、がんばれ」といつも肯定的な言葉をかけて明るく励ましてくれました。そんなふうに榎本牧師に言ってもらうと心が軽くなりがんばろうという気持ちになりましたが、振り返ってみると人生に対する愛と厳しさに関しては、お二人とも共通だったと思います。教会関係のＩさんをはじめたくさんの方々と、私たち四人の若者を信じて背中を押してくれたこの二人の牧師さんがいなければ、今のむぎのこはなかったと思います。

五　むぎのこの船出

「若者が変わったことを始める」とどこかで聞きつけた新聞社の方が記事を書いてくれたり、テレビも取材に来たりしたので、最初はボランティア時代に出会った子ども一人しかいなかったのですが、開園のときには五人の子どもでスタートすることができました。そのような思いで始めたむぎのこですから、四人の若者はみんなやる気あるすばらしい仲間でした。しかし、大学を卒業したばかりということで、支援スキルもない、知識もない、お金もなければ社会的に生きる力もないという中で、お互いがすぐに壁にぶつかることばかりで、うまくいかないことに対してなんとなくみんな落ち込んだり互いに責め合ったりしてしまいました。

そして入園式をして、いよいよこれから子どもたちとの日々が始まるという矢先、四人のうちの一人の男性のスタッフが辞めたいと言い出しました。結婚も予定していたので、こんな生活では将来の見通しがまったく立たないということでした。当時の私たちの状況からすると本当にそうだったと思います。そのようなわけですぐにスタッフは三人になってしまいました。まだ四月の上旬のことでした。

むぎのこが始まったのはバブル経済の始まる少し前の時代で、世の中は景気上昇の機運の中にありました。この時代の私たちの給料は、男性が七万円、女性はスタートの一年だけという約束で親に仕送りをしてもらって三万円からスタートしました（当時の大卒初任給は約十三万円という時代でした）。こんな私たちを見かねて、教会の人たちや児童福祉関係者を中心にたくさんの人が応援してくれて後援会をつくってくれました。年会費は三千円だったと思いますが、本当に全国のたくさんの人に支えられました。

また、本行牧師が古紙回収の仕事を紹介してくれ、土曜日には応援してくれる家庭を、今週は西区方面、来週は南区と、一カ月分の古新聞をいただきに回りました。一軒一軒協力してくれる家庭にお伺いして、「ありがとうございます」と頭を下げることを通して、人の温かさと頭を下げることの大切さを学びました。また、予定の時間に訪問できなかったり、約束を忘れてしまってせっかくの相手のご厚意を無にすることもあり、お詫びにお伺いすることもしばしば、これもまた自分の非を認め頭を下げる生きた社会勉強でした。世間一般の方の社会人デビューとはかなり違いましたが、このような経験で私たちは鍛えられ、今日がある財産となりました。このように、経済的にはままならないものの、なんとか船出の日を迎え、広い海原へと航海がスタートしたのでした。

写真 2-1　無認可でスタートしたころのむぎのこ

希望と期待に胸ふくらませていた毎日の療育が始まりました。ここに至るまでに学生時代ボランティアをしていたクリスチャンセンターで二年以上毎週二、三回子どもと接し、札幌市立病院静療院（現札幌市子ども発達支援総合センター・ちくたく）の当時の医療型の自閉症児施設の院内学級でも週一回実習させていただいていました。さらに賀川学園やつくしんぼ学級で泊まり込みの実習をさせていただき、おしまコロニーの近藤弘子先生の母子訓練にも参加していたので、なんとかなるのではないかと思っていました。

しかし、現実はそんなに甘くはありませんでした。開園して二週目から、早くもお母さんたちから子どもとの関わりへの不安と不満が出始め、心配したお母さんが外遊びについてきたりしました。今だったら、「一緒に行きましょう」なんて軽く言えますが、当時は、「こんなに一生懸命やっているのになぜ私たちを信じてくれないの」と思って、逆に私たちの方も親御さんに不満を持ち始めていました。今思えば親御さんの心配は当然のことです。よく私たちに任せてくれたと思います。

もう少し順調にいくと思っていましたが、私たちの家族への支援の視点は、まったくのゼロからのスタートでした。今日のむぎのこの親御さんへの支援は、実はここからさまざまなかたち、試行錯誤で始まったのでした。親御さんが安心して子どもを預け、信頼していただくまでの道のりは本当に長かったと思います。

六　無認可時代の苦悩

無認可時代の苦労の一つに経済的困難がありました。当時は認可施設になると措置費があり、施設の定員に応じて国から給付金が交付されました。子どもの保育に関わるお金、配置基準の保育士、栄養士、運転手、事務員のお給料がそこから支払われます。通園バスや設備、建物など三分の二は国と都道府県から補助金が出るのです。ところが無認可だと、子どもの費用やスタッフの給料、家賃、ガソリン代などをすべて自分たちで賄わなければなりません。お母さんたちも高い療育料を払ってくれましたが、それでもまったく足りないので、古紙回収、バザー、後援会のみなさんからいただく後援会費が頼りでした。認可されるためには一億円が必要でしたので、当時の私たちには到底考えられないことでした。にもかかわらず、三人のスタッフだけではよい療育はできないので、パートでお手伝いの方をお願いしたこともあり、なかなか困難かつ大変な状況にありました。私が二年半の間、特別支援学校に臨時の介護職員として出向するかたちをとったこともありました。

この特別支援学校での経験は、アルバイトが目的だったとはいえ、社会の仕組みや組織のあり方を学ぶ機会になりました。組織の一員として、先生たちのもとで力を合わせて支えていくチームワークも学ぶことができました。また重症心身障害（重心）の子どもへの教育を先生たちの側から学ぶことができたのは貴重な経験となりました。そして何よりも重心の子どもや家族との出会いは大きかったです。そのとき出会った子どもたちのことやお母さんたちのことは今でも鮮明に覚えています。お母さんたちはみんなやさしく新人の私に接してくれました。

毎日体重が重たくなったお子さんを抱いて通学するお母さんたちの苦労は、本当に大変なことだった思います。それでも明るく「先生ありがとう」と声をかけてくれるお母さんたちのやさしさはどこからくるのだろうと思いました。また学校という組織がしっかりしていることが、通学するお母さんたちや子どもの安心感につながるのだと思いました。それまではかたちよりも内容を重視してきた私にとって、組織という枠の中で得られる安心感の重要性を知り、視野が広がりました。逆に言えばそれまではなんと独りよがりだったかということです。また自閉症児を抱えるお母さんたちとは違った悩みや困り感が重心や医療的ケアの必要な子どもを育てるお母さんにはあるということも実感しました。

七　認可へ向けて

設立から十年がたった一九九三年、当時札幌元町教会の会堂が新しくなっても、まだむぎのこの子どもたちのために療育の場として貸していただいていましたが、そのころからどうしたら認可施設になれるのだろうと模索し始め、翌一九九四年四月に社会福祉法人設立認可準備委員会がつくられました。毎週金曜日に集まって認可に必要な約三千万円を集める方法や、どんなふうにしたら認可が得られるのかなどを話し合いました。本来は認可のために一億円必要だったのですが、もし国庫補助金で通園施設をつくることができたらその建物が担保になるため、現金は一億円ではなく三千万円あればよかったのです。しかし、建物を国庫補助金で建てるなんて夢のまた夢でした。

その結果、自分たち単独では社会福祉法人をつくるのはむずかしいので、他の社会福祉法人に入れていただいて知的障害児通所施設としての認可をとったらいいのではないかという方針にまとまり、同じ東区にある社会福祉法人にお願いに行きました。そこは本当に熱心な法人で、私たちの認可のためにいろいろと尽くしてくださり感謝しかありませんでした。

しかし、話を進める中で設立の当初からキリスト教関係者に支えられ、その価値観をベースに運営し、これまで歩んできたむぎのこの価値観とは違うのではないかと気づいたときに、このまま進めてしまっては逆に申し訳ない、今の時点で正直にお伝えした方がいいのではないかと考え、結局その法人に入れていただくことをお断りしました。たくさんの応援をいただいておきながら本当にご迷惑をおかけしてしまいました。今でも申し訳なく思っております。そして私たちは、これから歩むうえで真剣に障害のある子どもの幸せのための努力を通して、このご恩に報いていかなければならないという思いを強くしました。

知的障害児通所施設は二〇〇三年に措置制度から支援費制度に移行し契約となりましたが、当時は児童福祉法の措置施設であったため、札幌市の計画になければ設立されませんでした。札幌市の療育支援体制も少しずつ拡大し、かしわ学園だけだったのが、西区と中央区ははるに れ学園、厚別区と清田区は楡の会の通園施設が計画に位置づけられて設立されました。そして北区と東区はむぎのことという計画が大筋で決まったころから、それまでむぎのこを利用する子どもは十名程度だったのが、週一回利用する子どもも含めると七十人を超えるようになり、早期に社会福祉法人の認可と子どもたちを療育するのに十分な広い部屋が必要になってきました。

そしてついに一九九四年四月に市の計画に位置づけられ、国庫補助金の申請、社会福祉法人の設立など、児童相談所の方々の指導と応援のおかげで必要な手続きを進めることができました。それまでに社会福祉法人認可や施設認可のための公的な書類などつくったことがない私でしたが、札幌市の方がていねいに教えてくださり、申請書類の書き方や仕組みを学ぶことができました。

こうして一九九六年一月に社会福祉法人「麦の子会」として新たなスタートを切ったのです。

八　子どもの内面の世界への気づき――古家先生との出会い

このころ古家好恵先生（現統括部長）がむぎのこで働き始めました。たまたま私と古家先生の子どもが同じ保育園に通っていたのが出会いのきっかけでした。それが今日の長い縁《えにし》の始まりになるとは、出会いとは本当に不思議な運です。

古家先生は看護師であり、長く保育園で働いていた経験もあるので、子どもの発達に関してとてもよく知っていました。それは机上の知識だけではなく、たくさんの子どもを見てきた実践から積みあげられたものでした。これまで私は障害に焦点を当てて見ていましたが、古家先生は、子どもと親の関係性にも焦点を当てることを教えてくれました。そうすると今まで障害ということだけでとらえていて見えなかった子どもの内面の世界への気づきがありました。また、看護師ということでアセスメントや支援方法などが臨床的でした。「保育士さんの子どものとらえ方は漠然としているので、もっと明確にとらえ支援を組み立てた方がいい」というのが古家先生の口癖でした。

最初のころは、「北川さんは大卒で頭で考える癖があるから、体を使って仕事をした方がいい」とアドバイスをもらいました。なんてはっきりと物を言う人なんだろうと思いましたが、障害のある子どもがよくなっていく実感が持てないでいた日々でしたので、教えてもらったことを素直にやってみようと、走りながら体をたくさん使って仕事をすることにしました。そうすると見える世界が変わってきました。子どもの思いに気づき、体を動かして療育を組み立てていくことは、頭で考えて行動するよりも子どもとの共感場面が増え、やりとりが楽しいものになりました。理論と実践という言葉がありますが、まさに、リズミカルなコミュニケーションの実践の中で子どもたちの目が輝いてきたことを覚えています。今その子どもたちが二十代後半となり、自閉症であることやその特性はそのままですが、地域で生き生きと人とつながりながら暮らし働いている姿に、あの楽しさをお互い体が覚えているよねという気持ちになります。

私は子どもがどういう道筋で発達していくかを、機会あるごとに古家先生に質問しました。先生は、発達というものをむずかしく説明するのではなく、発達の順序性をシンプルに教えてくれました。

〇歳から二歳までの乳幼児期の子どもたちがしっかりと受け止められる時期、気持ちを交わす時期、その次にくる自己主張の大切さ、「イヤイヤ期」という子どもの主張を受け止める大人の大変さを支える必要性、やはり子育ては一筋縄ではいきません。特に自閉症の子どもの自己主張は思うようにならないとパニックになることもあるので、それを受け止め、「君は悪くないよ」と言って肯定的にフィードバックをしていきながら前向きに子どもの気持ちを受け止

写真 2-2　認可になったときの「むぎのこ開園式」

めていくためには後方支援が絶対必要です。

他者から見て、子どもがきちんとしていない状況を、しつけではなく発達の観点から支援していくことに時間をかけていく大切さも学びました。しつけを受け入れるまでには、子どもが大人を信頼する心がなければなりません。つまり、しつけには愛情がなければ子どもにとってはただの行動修正になってしまうので、一人ひとりのお母さんや支援者の力をアセスメントして、その関係性に合った支援をしていかなければなりません。大好きなお母さんや里親さんを中心に幾重にもわたって受け止めていく輪が必要だと痛切に感じた時代でした。

九　認可施設としてスタート

一九八三年に設立して以来十三年間の無認可時代を経て、一九九六年春、認可施設としての新しいスタートを切りました。認可施設になったときには、学生時代から始めた四人で残ったのは私一人でした。それぞれが教育や保育の現場にと道が別れてしまいましたが、無認可時代を共に働いてきた仲間がいたからこそ、認可施設としてスタートを切ることができたのです。

これで名実ともに本格的に療育がスタートしました。これまでも一生懸命やってきましたが、今度は社会的責任が伴いました。

認可になった当初は、むぎのこにわが子を託しながらも自分も一緒になって関わりたいという親御さんが多かった時代でした。朝から夕方まで子どもと一緒にお母さんも泥んこになって過ごしました。山に行くのも海に行くのも一緒でした。お母さんたちとは、子どもを真ん中に置いての一体感のようなものが流れていた時代でした。この時代からいるお母さんたちがフロンティアとして、今もむぎのこの主要なところで活躍し、若いお母さんや子どもを支える側として活躍してくれているのは大変うれしいことであり、これがむぎのこの財産です。

十　虐待を受けたお母さんたちとの出会いとトラウマ

認可になったころ、子育ては家族を支えることでもあると気づき始めました。支援をしていても、子どもをかわいいと思えなかったり、子どもの存在を受け入れられないお母さんがいました。もちろん障害の受容ということもありますが、それ以前に子どもとの関係がうまくいっていないようでした。

そんなある日ＮＨＫの朝のニュース番組「おはよう日本」で「トラウマ」という言葉を耳にしました。アメリカ在住のセラピスト西尾和美先生がアメリカで行っているトラウマケアのワークショップが紹介されていました。今日では虐待という言葉は、毎日のようにマスコミで取りあげられていますが、当時（二〇〇〇年前後）日本にはそんなことはないという時代でした。ＮＨＫの番組の中で西尾先生は、アメリカに比べて日本は虐待の治療が二十年遅れていると仰って、アメリカの心理療法を日本にも紹介したいとのお考えでした。

トラウマという概念を番組で知った私は、さっそく西尾先生のワークショップに参加して自分でどのようなものか確かめることにしました。これまでのハウツー的な子育てではなく、自分の育ちが子育てに関係あり、自分の中にある誰もが持っている小さなトラウマに気づき癒していかないと、それが自分の信念や価値観となり次の世代に連鎖してしまうという、今では一般的ですが、そのころはまだ新しい概念でした。すぐに西尾先生に来ていただき、むぎのこのお母さんたちにもトラウマケアのワークショップを行ってもらいました。トラウマのことなど考えたこともなかったお母さんたちが、自分のトラウマに気づきケアしていく中で実際に親子関係が安定してくるのを感じました。

子育てでこのようなトラウマの考えに基づいて家族をケアしていくことは当時の日本では考えられないことだったので、このようなワークショップを行いトラウマのケアをしていることをあまりオープンにしていませんでした。しかしアルコール依存症のお父さんがいる家庭やDV家庭、心理的虐待、身体的虐待、性的虐待などの環境で育ってきたお母さんたちがこのワークショップを何回も受けて回復してきたことを、二〇一八年の日本子ども虐待防止学会（JaSPCAN）で初めて発表させていただきました。

自分の子どもの存在を受け入れられないでいた一人のお母さんは、小学生のころから毎晩のようにお父さんに棒で殴られて、高校卒業と同時に逃げるようにして札幌に働きに来たと話してくれました。このようなお母さんたちに出会い、また、障害のある子どもを育てていくお母さんの心理支援をしっかりと学ばなければいけないと思い、西尾先生が日本校として設立されたアライアント国際大学・カリフォルニア臨床心理大学院で学ぶことにしました。その後七名の職員やお母さんがこの大学院で学びました。さらに、三名が北海道教育大学大学院で臨床心理を学び、心理支援をベースとした支援ができる素地がむぎのこにできました。

子どもたちが増えてきて、クラスを増やすようになると事業所も増えていきました。子どもの支援や家族の支援はこれで十分ということはありません。常に学びながら、いろいろな立場の人と手をつないで、批判もありがたいこととして受け止め改善しながら、みんなでよりよい前向きな方向を求めてつくってきたのがむぎのこの歴史です。

十一　さまざまな出会いからの学びと成長

むぎのこが大きくなっていく中でさまざまな交流が生まれていきました。私自身も日本知的障害者福祉協会や全国児童発達支援協議会（ＣＤＳ Ｊａｐａｎ）、日本ファミリーホーム協議会の役員（現会長）をさせていただいていることで、全国の方々の実践からいつも学ばせていただく機会があり、そのことにとても感謝しています。ここに書き切れないすばらしい出会いとそのつながりが、むぎのこを支えてくれているといっても過言ではありません。とりわけ、うめだあけぼの学園の加藤正仁先生には療育や障害福祉のイロハを教えていただきました。お父さんたちを連れて一緒に韓国に研修に行ってくださったり、上司のいなかった私にとっては、職場の上司のような存在でした。札幌だけでなく北海道、さらに日本各地の成人施設もファミリーホームも含めてたくさんのすばらしい先輩たちや仲間に支えられてむぎのこはあるのです。私のような若輩者でもみなさんあきらめずにかわいがってくださいました。

また認可になってまもないころのお母さんたちとは、一緒にアメリカ、ドイツ、スウェーデン、ノルウェー、韓国と世界を旅して、障害のある子どもの福祉について学びました。海外から学ぼうと考えたのは、北欧や北米の福祉が進んでいることを聞いてはいましたが、何がどう日本と違うのか、何が進んでいるのかをこの目で確かめ学んできたい、そしてせっかく進んだ

写真 2-3　現在のむぎのこ

ものを学んでも、日本に帰ってから一人では実践の場で生かすのはむずかしいので、お母さんたちと一緒に先進地の風を感じたいと思ったからです。

なかでも印象的だったのはノルウェーです。インクルーシブで、なおかつ支援が必要な人にはフルタイムで支援をするという体制に驚きました。のちに親しくなったオスロの市長でご自身も障害のあるセーボネスさんの「オスロは障害のある人を真ん中に置いた街づくりをしてきました」という言葉にもびっくりしました。

現在のむぎのこでは海外で学んだことが大きく影響していますが、その詳細についてはそれぞれの支援活動のところであらためて触れることにします。

以上が四人の若者で始めたむぎのこの誕生から現在までの歴史です。あらためて振り返っても、意欲と意志だけは誰にも負けないものはあったものの、なんの実績や知識もないままにスタートしたことは、若気の至りを越えて、無謀な船出だったと思います。それでも幸いなことに、出会った人たちに支えられ、そして子どもを託してくれたお母さんたちと一緒に子どもの幸せを願ってがんばってきたことで、今日までむぎのこを続けてくることができました。

なんの実績もない若輩者であったことで、かえって既存の価値観やしがらみにとらわれることなく、（自分の）原点を大切にありのままに子どもたちの思いを受け止め、お母さんたちの苦労や心配を共に悩みながら、一緒に子育てをし、共に成長してきたことで、子どもの幸せな育ちを実現するための支援活動を発展させていくことができたのではないかと思います。

次章では、むぎのこの具体的な支援について詳しくご紹介していきます。

第三章　むぎのこの子ども・子育て・家族支援

一　発達支援――幼児期から成人期を見据えた継続的支援

子どもは毎日の積み重ねの中で成長します。ですから、小さなころから積みあげられた、できるだけよい環境が必要です。矛盾するようですが、そのことは大きくなって多くの重荷を背負ってしまった子どもにとっても同じことです。その時そのときがスタートなのです。そこからできる限りよい環境を与えることが大切です。

（一）乳幼児期

アタッチメントの大切さと支援の必要性――支えてくれる人がいるよ

むぎのこで乳幼児期に大切にしている支援は、障害のあるなしにかかわらずお母さんと子どもの愛着関係を構築することです。お母さんと子どもだけの愛着関係に困難がある場合は、職員との信頼関係をベースとした支援を基本に据えることもありますし、里親を活用する場合もあります。

愛着は心の発達の原点です。心の中に頼れる養育者の存在ができるようになり、「人は敵ではなく応援してくれる」という感覚をこの時期に持つことができた子どもは、安心感という大きなプレゼントをもらうことができます。

養育者はこの時期に大切な存在でありますが、養育者だけで子育てはできません。誰もが手助けが必要で、社会が子育てに関わり一人ひとりの子どもと家族にどのような支援が必要なのかを考えて支えていかなければなりません。

一九七〇年代、日本の社会では子育てを母親だけが担っていて、子どもをまるで商品のように「よい子」、「悪い子」のラベル化をし、そのラベルの原因がすべて母親にあるような社会一般の価値観がありました。そして有無を言わせないストレスが母親に重くのしかかり、「育児ノイローゼ」などという無責任な言葉で片づけられていました。七〇年代末には『母原病――母親が原因でふえる子どもの異常』(久徳、一九七九)という本が出版され、マスコミも日本の母子関係の問題性を喧伝《けんでん》するような風潮がありました。

多くの母親が自分の育児に罪悪感を持ったり、スキンシップの重要性、三歳までは母親の手で育てなさいという「三歳児神話」の中で保育園での子育てを否定する論調もあり、かえって育児不安を招くことにもなりました。実際、私自身も自分の子どもを育てるのに、「こんな小さな子どもを保育園に預けるなんてかわいそう」と何度も言われたことがあります。そんな時代を私たちはなんとか生き抜いてきました。もしかしたら、子どもに問題があったらすべて母親のせいという風潮が未だに根強く残っているかもしれませんが、母親を追いつめる社会ではなく、子育てを応援する社会をつくっていかなければなりません。

いつの時代でも、子どもにとって親やそれに代わる養育者は、大切な存在であることには変わりありません。しかし、これからの時代は、保育園や児童相談所など子育て支援に携わる社会の関係者が、何かあったら子育てをする親・養育者を責めるのではなく、支える仕組みをもっともっと考えていかなければなりません。七〇年代の子育て社会から約半世紀たった現在では、妊娠中からの支援や産後のフォロー体制、産後うつ予防や対応が母子保健の役割として少しずつできていることはうれしいことです。

発達に心配がある子どもの場合、愛着形成がむずかしい場合があるので、できるだけていねいに支えていく必要があります。新しい環境や人になかなか慣れない子どもたちですが、人の支えによって不安はある程度解消されます。

乳幼児期の療育は、「困ったときは助けを求めていい」という安心感・安全感の土台づくりの時期です。このことは特に人との関係で傷つきやすい発達障害の子どもの予後に影響します。子どもの攻撃性（パニック・だだこね）を問題行動とせずに、親も支援者も肯定的に受け止める時期でもあります。この子どもの甘え、ネガティブな感情を受け止めることは、小手先ではできない子どもへの向かい方です。私たち支援者も親も子どもの攻撃性やその裏にある子どもの心を理解して、受け止める力が求められています。一般の子育てでも子どもの自己主張が出る二歳児の子育てでは、それを受け止める親の大変さは障害のあるなしにかかわらず共通の課題です。

乳幼児期は養育者への支えが必要な時期です。この段階をいろいろな支えを使いながらなんとか乗り越えると、多くのお母さんたちは子どものことを理解し、自分の心を見つめつつ、子育てによって「成長できたと思う」と言えるようになります。このことは、世界中のすべての子どもにとって同じ課題です。しかし、むぎのこで行ってきた子どもへの支援は同時にお母さんだけががんばらなければならないという支援ではなく、お母さんとお父さんができるだけ前向きに子育てと向き合えるように養育者を支える支援を目指してきました。

遊びの中で発達していく支援――構造化が子どもの安心を生む

具体的な支援としては、訓練で障害を治すという従来からの医療的なアプローチではなく、子どもが楽しい遊びの中で発達していく支援を行ってきました。その子どもの発達段階に合った遊び、親子遊び、感覚遊び、自分のやった結果が見える遊び、人との関係を結べるように工夫した遊び、見立て遊び、集団遊び、わらべ歌遊びなど、楽しさやもう一回遊びたいという期待感、自発性、癒しなど、遊びを通して子どもは発達します。

写真 3-1　運動会で竹登りに挑戦

保育や療育は、大人になることを視野に入れて支援を組み立てていかなければなりませんが、子どもはそれぞれの年齢の時期を一生懸命生きている存在です。たとえば三歳児は三歳の生活を楽しんでいいのです。一生戻ることができない三歳時代であり、三歳児として輝いている時代なのです。ですから遊びの工夫は、子どもの年齢にふさわしい環境を考えていかなければなりません。

たとえば、むぎのこでは年長児（六歳）の運動会で竹登りに挑戦します。保育園の子ども、児童発達支援センターの子ども、重心児デイサービスの子ども全員が参加します。竹登りは六歳の自我が育った子どもたちにふさわしい競技と考え、できるできないではなく、それぞれの子どもに合った介助を受けつつ登り、竹の一番上にあるタンバリンを自分でたたくのです。また、この運動会での竹登りは競争ではありません。競技を通してたくさんの大人の助けを求めていい、「みんながあなたを応援しているよ」という意味のこもった競技なのです。むぎのこの子どもたちやお母さんたちの多くはワクワクドキドキしながら、年長になったら参加できるこの竹登りのような競技を小さなころから楽しみにしています。実際に竹の下には大勢のお父さんと職員が安全を守るために竹を支えています。

子どもの発達段階をアセスメントして遊びを選び、工夫し、構造化するなど、一人ひとりの発達に合わせた遊びの構築にこそ専門性が必要です。また、感覚過敏への配慮、整理されたわかりやすい空間、見通しを持てるようにすること、体の不自由な子どもに合ったポジショニングや身体へのアプローチなど、それぞれの子どもの障害の特性に合わせた支援をすることも大切です。

姫路市の総合福祉センタールネス花北の所長であった宮田広善の著書『子育てを支える療育』によると「療育とは、障害のある子どもそれぞれの『育ちにくさ』の原因を分析し、それらを一つひとつ解決し、彼らの『育ち』が彼らなりに成し遂げられるように援助する営み」であり、「障害のある子どもと親の『豊かな親子関係』、子どもの育ちの基盤となる『自信』、地域社会で豊かに暮らしていくための『生活する技術』などを保障する」という療育本来の責任がある、つまり療育の重要な役割は、「障害のある子どもの育ちと親の育児を援助する」ことである（宮田、二〇〇一）と記されています。このように障害がある子どもの発達支援は、特別なものではなく、その子その子に合った配慮された子育てといえます。そして子どもたちが活動や生活を楽しみ、笑顔が多くなり、もっとしたい、もう一度したいという経験、達成感を持つこと、これらが子ども時代に、すべての子どもの発達にとって大切です。アメリカのバークレーで出会ったソーシャルワーカーで脳性まひの障害のあるベスさんが語った「療育を受けるたびに、私が障害のある人間でダメだから訓練を受けなければならないのかと思った」という言葉をいつも忘れないようにしています。

このように、一人ひとりの子どもを理解し、子ども自身が理解できる伝え方を工夫し、毎日のデイリープログラムの基本を設定します。そして混乱しそうな変化や新しいことへの挑戦は、予防的に事前に伝えたり、イメージが持てるように体験的な学びを多くしたり、不安になりやすい子どもに合わせて、否定語を使わずに明確にわかりやすく期待する行動を伝えたりするような配慮をしながら療育をつくりあげています。療育は障害を否定するものであってはいけません。幼稚園や保育園の子どもたちと同じように、子どもの最善の利益を保障するためにあると考えて実践していかなければならないと思います。

その一方で、「いつも勉強です」と言いながらも、人類誕生以来続いてきた子育てはもっとシンプルに考えてもいいという矛盾するような思いもあります。

また、子どもの心を理解し肯定的に関わるといっても、生まれも育ちも違う職員は肯定のイメージが一人ひとり違いますので、肯定的な関わり方の基本を職員がみんなで学びトレーニングしています。だからといって一人ひとりの職員らしさや個性が出ないわけではなく、それぞれの個性が豊かなハーモニーになって療育をしています。

それでは、むぎのこの療育について具体的に紹介しましょう。

夏冬を問わず毎日のお散歩・外遊び、園庭でのターザンロープ、感覚遊び、砂遊び、水遊び、

写真 3-2　遊び（療育）の場面：リズム（左）・シート滑り（右）

プール遊び、山登り、冬は毎日のようにそり滑り、北国ならではのスケート、障害のある子どもの心と発達に合わせたやり方で取り組むさくら・さくらんぼのリズム（写真3－2）、構造化された朝の会、絵本、手遊び、わらべ歌遊び、製作、クッキング、生活に根ざしたこととして雑巾がけ、庭掃除、給食の準備・配膳・片づけ、お昼寝の布団干し・布団敷きなど、肯定的な大人に囲まれ、遊びと生活、友だちの中で子どもがその子どもの年齢に育っていくよう一人ひとりに合わせた配慮をしています。

そして一つひとつの遊びを楽しめるよう、構造化してわかりやすく遊ぶことができるように配慮しています。具体的には、どの遊びも子どもの発達と障害の状況に合わせてスモールステップで対応します。たとえば滑り台で遊ぶのも、場所や人に慣れ安全が感じられた段階で、滑り台の遊びをスモールステップにして、階段の下と上に職員を配置し滑り降りるところにもお

写真 3-3　二点間の構造

母さんか担任の先生がいて、それぞれの場所で声をかけながら子どもが滑り台のかたちや遊び方がわかるように工夫しています。その繰り返しで子どもが楽しいと思えることが重要です。障害のある子どもは、遊びの楽しさを実感できないこともあるので、楽しめるように工夫する必要が多くあります。そして何より大切なのは、「二点間」といって、子どものスタート地点に大人がいて、次の場所にも大人が待っていて、最後にできれば養育者に向かっていけるように構造をつくることです（写真３－３）。人の間で子どもを育てているわけです。

保育園では子どもたちがすごい集中力で水道の蛇口からバケツに水を入れ、砂場まで繰り返し繰り返し運び、砂に水を流して変化を楽しんでいます。自閉症の子どもたちは水遊びが好きで感覚を楽しんで長時間遊んでいますが、感覚遊びから道具を使い目的を持って操作する遊びに移行するのがむずかしい子どももいま

写真 3-4　園庭の砂場で水遊び

す。

発達障害の子どもや知的障害の子どもで、なかなか道具を使って遊びを楽しめない子どもたちにとっては挑戦することになるので、水場に一人、砂場に一人、そして子どもと一緒にバケツを支える職員の三人が、子どもの行った結果を「すごーい」と拍手し、スモールステップで一つひとつほめながら応援する客観的な大人の役割を加えて楽しい遊びにつながるよう、子どもの楽しみを広げていくのです。それぞれの場にいる職員も子どもに注目し、名前を呼ぶ「二点間」の構造を必ずとります（写真３－４）。

この繰り返しを何度もする中で少しずつ道具を使って水を運び、自分の行った結果として砂場の砂や水が変化する楽しみを知ると、時間はかかりますが一人で何度も繰り返し遊ぶ姿が見られたり、「一緒に遊ぼう」と水場に大人の手を引っ張る姿も見られるようになります。

感覚遊びは非常に重要なので、たくさん経験したあと、水という感覚的な気持ちよさと道具を使っての目的的な遊びをミックスさせて楽しい経験ができるようにします。

重い知的障害がある子で、バケツをすぐに手放してしまう子どもがいました。発達的にも物を操作的に使うのはむずかしいと思いました。でも一緒に取り組んでいるうちに、五歳にして自分に対するあきらめのような感情があることに気がつきました。そのため、バケツを手放したり投げたりする行動が見られました。そこで何度も何度も「大丈夫だよ」と励まして、投げるバケツを一緒に持って水を運びました。こちらがもう無理かなとあきらめかけたころ、なんと突然バケツを持って目的の砂山までタタタッと走っていったのです。知的障害がある子どもの内面は実は複雑なのです。いろいろな思いがあります。表面的な行動に現れる子どもの思いや悩みを感じる感性が求められています。やがて成人になった彼らは、同じ構造である雪かきをとても意欲的にしています。子どものときに体で遊びを覚えた楽しさは労働にもつながっているのだと思います。

むぎのこでは一つひとつの遊びや活動に手順があります。手順があると子どもも見通しを持てるようになりますし、何より子どもと関わる職員にとって重要なのです。子どもはあまり詳細を知らなくても場の構造化があれば、支えている大人との安心感で少々の変化にも対応できます。ですから、人によって毎回変わる活動ではなく、活動の手順がある程度決まっていることが安心感を生みます。職員が安心していれば子どもも安心できるのです。

（二）学齢期・思春期

子どもの心に寄り添う発達支援

第二の誕生といわれる学齢期・思春期になると困り感を持つ子どもも増えてきます。「朝起きられない」、「不登校」、「暴言・暴力」、「学力不振・過適応」など発達上の課題が生じる可能性が高くなります。幼児期のように言葉でなだめたりできず、体も親より大きくなり抱っこして方向替えなどできなくなってしまいます。また、心の傷つきも大きいので本人の意思なしに親だけの対応ではむずかしくなる時期です。むぎのこでは、親や本人の気持ちに寄り添いながら、問題行動自体を本人のＳＯＳ、発達の要求の現れであり、支援のチャンスととらえてマイナスの見方をしません。

このように発達的に本人の困り感が出やすくなる時期であるため、予防的な支援として放課後等デイサービスを通して、「成し遂げる喜び」、「友だち・大人に認めてもらう」など、親の見守りもある中で仲間の存在が重要になってきます。友だちの中で学習支援や人と楽しく過ごすための社会スキル、料理をつくるなど生活のスキルを学びます。この時期は、まわりの友だちとの関係でうまくいかないなど悩みが出てくる時期でもあります。特に困り感のある子どもは、自分とまわりとを比較して、また今の自分となりたい自分との狭間《はざま》で、とても強い葛藤が生じる場合があります。その葛藤自体は子どもから大人に成長する過程でとても大切なことで

写真 3-5　スキー学習

すがリスク因子にもなりえます。そのため葛藤を和らげるクッション的な存在の仲間や自分の存在が肯定され自分らしく生きていける場が大事であり必要になってきます。

むぎのこでは幼児期からの仲間づくりを大切にしています。この時期の子どもたちにとって、よいところも弱いところも認め合える仲間の存在、安心できる存在が、苦しい思春期から大人への移行を支えているのです。

また、思春期の発達支援には親同士の協力も大事になります。親の言うことには何かにつけ反抗的な子どもでも、小さなころから知っている友だちのお母さんの言うことは少し聞く耳を持ってくれたりします。むぎのこでは親同士が子どもを見守りながら協力し合い、夏はキャンプ、冬はスキー、学年の節目節目で修学旅行を企画し、秋田、沖縄、山梨、北九州、遠くはサンフランシスコまで行って、子どもたちの経験を広げたり、自然なかたちで安心できるつながり、信頼できる絆を深めていくために協力し助け合ってきました。

写真 3-6　小学生とカリフォルニアのヨセミテへ

学ぶ意欲を引きだす支援

ある年の冬休み前に、中一の男子の様子がおかしいのに気がつきました。勉強に対する自信がなく取り組むのも嫌がる子どもが増えてきました。学校に行ってみると、先生が、「この答えはなんですか」と生徒に聞いていました。半数以上の生徒は手を挙げていましたが、むぎのこの子どもは誰一人手を挙げていません。半分はわかっている子どももいますが、様子を見ていたら「不安」が先に立っているようでした。一般の子どもにとってはふつうのことも、発達障害の子どもにとってみたら、自己肯定感が下がる暗い器の中にいる感じでしょうか。

今必要なできることを子どもにはしていきたいと考えるのがむぎのこ流です。そこで冬休みに当時一軒家だった本部の二階での勉強合宿を提案しました。もちろんみんな嫌がりましたが、最後まで参加したくないと言った子どもに友だちが、「一緒にやるべ。お前がいないとさびしいべや」と誘ってくれました。

ところがいざ合宿がスタートして勉強を始めると、たちまち子どもたちはみんな机に寝そべって、なかには本当に寝てしまう子どももいて、まったくやる気が出ないようでした。

そんな子どもたちの様子を見て古家先生が、「勉強なんて大したことないよ。スポーツと同じで、やることでシナプス（神経細胞をつなぐ神経回路）がつながってやれるようになる筋トレのようなものだから、気軽に考えた方がいいよ」と伝えると、みんなの顔が少しずつ上がってきました。

少しできたことをほめ合って、やっと午前の勉強が終わり、午後は散歩したりスケートをしたりして身体を動かして、また夕方から夜にかけて勉強タイム。そのあとは一緒に銭湯に行ったり、少しずつ楽しくなってきたところで一日が終わりました。

合宿は一週間ほど続きましたが、このときもお母さんたちが協力して、バランスのとれたおいしいご飯をつくってくれました。

この合宿のあと、ビルの一階で夜、勉強を始めることにしました。放課後等デイサービスの制度がまだなかった時代です。勉強は不安の強いタイプの子どもに合わせて行いました。英語では、簡単な問題集を使い最初に答えを教えて、なぜその答えが導かれるのかを伝えました。次にそれと類似した問題を出し、七割は先ほどと同じように教えてあげて、最後は自分で答えさせるようにしました。それから教科書に入り、ノートの左側に英語、右側に訳を書き、なぜそうなるかを教えながら一緒に予習しました。ここまでやると自信を持って授業に臨めるので、子どもたちの学習意欲が高まってきました。なにしろ最初はBe動詞の“am”“are”“is”の違いや、他動詞の違いもわからなかった子どもたちの成績が、2が3に、3が4に、4が5に、徐々に上がっていったのです。

もちろん一人ひとりのスモールステップなので、その子その子によっての進み具合いは違います。教室での約束は、みんなにそれぞれ自信をつけてほしいけれど、「成績がいいことイコール偉いことではないこと」、「成績だけで人間の価値は決まらない。だからこそ、みんなもいいんだけどね」、「でも、もし勉強が理解できたら、他の子どもにも教えてね」、こんなささやかな約束でした。

ある有名なプロの家庭教師の方が、勉強の意欲を引き出すことが大事だと言っていました。むぎのこの子どもたちの場合は塾にも行かせましたが、なかなか結果に結びつきませんでした。それは、子どもたちが学校でまわりの子どもと比較してしまい、学ぶ以前に勉強するということに不安が強くなっていたので、学校と同じ方式では勉強に対する苦手意識を助長するだけでした。子どものその気持ちを理解したうえで、小さな集団で子どもたちに合った教え方、指導法をすることで、意欲を回復させ学ぶことを好きになることにつなげました。最近では、学びのユニバーサルデザイン（UDL）を少しずつ取り入れ、子どもたちに合った学びをさらに研究中です。

ここでの学びを出発点にして、むぎのこ児童発達支援センター出身の子どもたちも、大学や専門学校に進学しています。最近も勉強が本当に苦手な女の子が、部屋から出てくることを促すところから始まって、毎日一緒に美容師の資格試験の勉強をして、無事国家資格を取ることができて就職も決まりました。大学や短大・専門学校に進学する子も、福祉サービスの中で働く子どもも、みんな同じ大切な子どもなのです。

今日の日本では高校教育はほとんど義務教育のようなもので必要不可欠な教育です。中学の進路を決める段階であからさまにランク分けされます。特別支援教育においても進学に大変力を入れます。それまでは本人の個性やよいところを先生たちも認め合って学校生活を送っていますが、中学三年生になり進路指導の先生が出てくるところから、学校は成績尺度の価値観に変わってくるのです。これが現実です。

もし高校が制度としての義務教育であったなら、子どもが成績だけではなく自分の命を輝かせることに専心できるのではないかと思います。いずれにしても成績が優れていればよしとする学校教育の価値観から、すべての子どもの存在が平等に認められる国をつくっていかなければなりません。

社会スキルを身につける生活支援

むぎのこのほとんどの子どもは恥ずかしがりやで、あいさつや人と話すスキルなどを使うのが苦手です。以前は、いつかは身につくのでこのままでもよいかなと思っていましたが、子どもたちが否定的にとらえられて誤解されてしまい、結果としてよい人間関係が築けないことがありました。今はこのことに気づき幼児期から社会スキルの学びを取り入れていますが、思春期になってからは少し抵抗がありました。そこで、高校生からは本来親が学び子どもに実践するペアレントトレーニングのコモンセンスペアレンティング（ＣＳＰ）を逆に学ぶ側になってもらいました。ＣＳＰを学んだあとの感想に、「なぜ親が、俺たちの小さなころにこれを学んでいなかったんだ。学んでいたら、俺たちこんなに苦労しなくてすんだのに」という声が多数あり、これには親たちも苦笑いでした。

この経験から、子どもたちは肯定的に関わること、予防的に学ぶこと、社会スキルの大切さ、落ち着かなくなったときの対処方法などを学ぶことができました。その後、北九州に高校生がスタディツアーで行ったときには、訪問先の教会の方にあいさつしたり、自己紹介したり、楽しい時間を過ごすことができました。抱僕館《ほうぼくかん》では元ホームレスの方とも、「北海道から来た○○です。お会いできてうれしいです」と握手してあいさつすることができ（写真3-7）、旅先の知らない人ともいい時間を過ごし、社会スキルが子どもたちの人生の味方になってくれることを感じた旅でした。

将来、大人になって独身のままでも結婚しても、自分で生活ができるようにするということは、男女問わず必要な時代だと思います。独身での生活でも結婚してパートナーと一緒の生活でも、暮らしを楽しく創造するためには、生活のスキルは身についていた方がいいと考えてい

写真 3-7　北九州スタディツアー、抱僕館《ほうぼくかん》で

ます。といっても掃除、洗濯、料理くらいですが。
　むぎのこの子どもたちは、最初は料理も嫌がりましたが、東京から招いた元家庭科教師の塩野先生が中学生の子どもたちに料理の手ほどきをしてくれました。先生は当時七十歳くらいだったかと思いますが、嫌がる子どもたちにオムライス、ジャガイモのビシソワーズ（冷製スープ）、白玉団子のフルーツポンチという最初から非常にむずかしい料理に挑戦させたのには驚きました。
　最初に塩野先生がしたのは男女別のグループ分け。これは男の子はどうしても女の子に頼るからとのことで、そのときに私たちも一つ覚えました。ある男の子が何もしないでいると、「みんなで料理をつくることは社会性です。あなた、何をしているの、次に何をすべきかを考え、実行するのよ」と塩野先生から厳しい声がかかります。料理は、手際よく段取りどおり、使った食器や鍋やざるなどは、そのつど洗いながら、料理ができたときには台所はとてもきれいな状態で、すっきりと「いただきます」ができるのです。

このむずかしいメニューも段取りよく料理することで、最後にはなんとかできあがりました。この経験は子どもたちにやればできるし、その結果おいしいものをいただけるという前向きな生き方を教えてくれました。

塩野先生は、現役のときに校内暴力など非行の子が多い時代の中学校の先生を経験された方でした。そのためか子どもの接し方にはめりはりがあって、てきぱきとなさって、いい悪いがはっきりとして一見厳しい感じがしたので、ナイーブな発達障害の子どもたちに大丈夫かと少し心配していましたが、意外や意外、塩野先生の料理教室では子どもたちがいつのまにか指示に従っていて楽しいものになり、子どもたちに自信をつけさせてくれ、私たちにもいい勉強になりました。

写真 3-8　塩野先生の料理教室

あるときは、むぎのこが借り受けている旧中小屋小学校での合宿中（第五章参照）に朝の散歩で採ってきたヨモギで、白玉団子からヨモギ団子をつくってくれました。このような塩野先生の姿から生活や暮らしの大切さを学ぶことができました。私自身は母が料理はすべて手づくりだったこともあり（これが負担で少し距離をおいていた私ですが）、暮らしを自分の手でつくり出す喜びを教えてもらっていましたが、あらためて塩野先生に導いていただいた思いがしました。その後、残念なことに先生はお亡くなりになりましたが、むぎのこの谷間恵理栄養士が塩野先生の教えを引き継いで子どもたちに伝えてくれていて、子どもたちが大学生になった今でも月二回の料理教室を続けています。彼らの毎日の食事で生かされるのはまだ先のことだと思いますが、レシピを見てチャレンジすることで自分がおいしい料理をつくれる見通しや自信はついたかと思います。

掃除をしたり、洗濯をしてからのアイロンがけなど、生活のスキルはいろいろありますが、これからも子どもたちと一緒にスキルアップしていきたいと思います。その生活のスキルは子どもたちが大人になって困ったとき、きっと助けてくれると思うのです。

二　社会的養育が必要な子どもたちや家族へのサポート

在宅の社会的養育機能――ショートステイ

もともと障害のある子どもを家族だけで育てるのは大変です。さらにむぎのこにはシングルマザーが約百人、またお母さんやお父さんが病気だったり働くことに困難を抱えている家庭など、生きにくさを抱え、子どもの養育支援、在宅支援を必要としている家庭が多くあります。

むぎのこではさまざまなかたちで障害児のいる家庭に支援を行ってきましたが、社会的養育の必要な家庭についても、同じようにサービスを使ったり、助け合ったりした支援を行っています。

子どもたちは、日中むぎのこのサービスである保育園、児童発達支援センター、放課後等デイサービスを利用していますが、家庭への直接的な支援も受けています。居宅訪問事業としてホームヘルパーが家庭を訪問し、子どもをお風呂に入れたり、ご飯を食べさせたり、寝かしつけを行うなど、子どもへのケアや通学の援助をし、通院がある場合は一緒に付き添いを行っています。

また、ショートステイホームが二カ所あり、最大十六人の子どもが泊まれます。レスパイト（小休止）の必要な家庭、行動障害があり睡眠時間が安定しないなど治療的な理由、児童相談所からの一時保護委託、パートナーや親などのＤＶからの避難的利用など、社会的養育が必要な子どものための保護機能を担っています。ショートステイの定員は十六名と多いのですが、児童相談所からの一時保護委託の子どもも含めて毎日ニーズがあります。

ショートステイホームのきっかけはスウェーデンの保育園に行ったときのことです。基本はインクルーシブなのですが、その保育園は比較的重度の障害のある子どものための保育園でした。その保育園の隣にかわいいすてきなおうちがつながっていました。そこがショートステイホームだったのです。保育園に通うお父さんが、「きょうだいのためにも、週二回はショートステイを利用している」、「日中の通園する保育園と夜泊まれるショートステイが隣同士なので、子どもも保護者も安心して利用できる」と教えてくれました。保育園の隣にあることで子どもも安心して利用できること、スウェーデンのお父さんお母さんたちは、子育てはがんばるけれど、一般の子どもを育てる以上の大変さに関しては、迷わずサービスを使うことが当たり前という発想に触発されて、日本に帰ってさっそくむぎのこの隣のアパートを借りて単独型のショートステイを行うことにしました。サービスを使うことにためらいのあるお母さんたちには、スウェーデンのお父さんお母さんの話を伝えました。

社会的養護機能と里親支援

在宅の支援を充実するのはもちろんですが、一時的にもしくは長期的に代替養育が必要な子どももいます。以前は、むぎのこに通園している子どもで、保護者が亡くなったり、病気になったりなど社会的養護が必要になった子どもが中心でしたが、最近では児童相談所から委託される子どもがほとんどです。

むぎのこが里親を始めたのは二十年以上前に遡《さかのぼ》ります。知的障害のあるお母さんの子どもが児童相談所の判断で遠くの施設に措置されてしまいました。お母さん自身が小学校五年生のときに療育手帳が交付されたのにもかかわらず、社会的な支援がほとんどされず、成人になっても子育てができないということを理由に子どもと分離させられる結果になってしまったのです。

そのとき、子どもがお母さんのもとで暮らせるようにするための支援がもっと必要だったのではないかと思い、児童相談所の方に相談したところ、「あなたが里親になって、子どもを受託して実親の近くの地域で育てて、お母さんと一緒に子育てしたらいい」というアドバイスをもらったのが里親を始めるきっかけでした。家庭での育児サポートをするにあたって質・量ともに一番支援ができるのが里親制度だったのです。

当初は里親制度に対する社会の理解が浅かったものの、時代が変わり制度が変わり、家族再統合や地域のリソースを活用するラップアラウンドという言葉が出てきて、里親も社会の子育ての大切な資源であることの理解が進みました。きっかけとなった子どもは十八歳まで施設でお世話になり、その後はお母さんの近くに住み、今は支援を受けつつむぎのこで働いています。このようにむぎのこが里親に取り組むことになった動機は、もともと手厚い子育て支援を目的としたものだったのです。

その後、お母さんが病気の治療のためなどの理由で里子になる子どもが出てきて、里親委託のニーズも増えてきました。もともとむぎのこに通園している子どもが中心だったため、自閉症タイプの子どもが多く、暮らす場は変わっても日中の支援の場はそのまま変わらなかったということが、乳幼児期に生活環境をなるべく変えないという点で、子どもにとっては大きなメリットだったと思います。

児童相談所からの委託や紹介も増えてきたころ、卒園児の親たちを中心にむぎのこの支援が

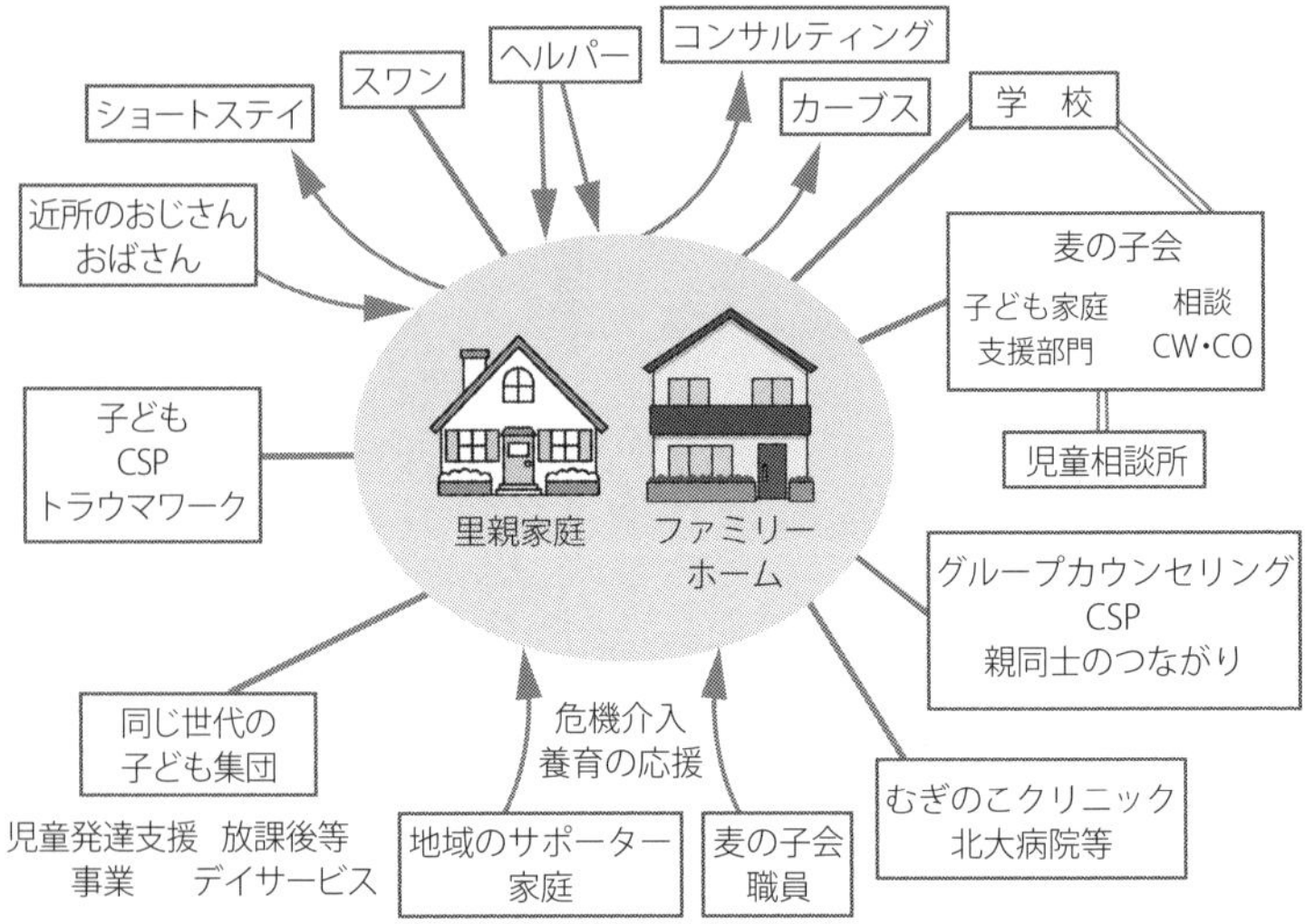

図 3-1　麦の子会の社会的養育支援

あるのなら里親をやってもいいという家庭が増えてきました。現在は十九組の夫婦が里親登録しています。みんな障害児を育てた経験のある養育者なので、委託児は障害のある子どもがほとんどです。少々のパニックやゴネはその後の見通しを持てるためか、わりとじっくりと向かい合ってくれています。

重度の障害のある子どもや、日常的に虐待を受ける環境で育った愛着障害の子どもも増えてきたため、里親だけでは対応できなくなってきました。そのため法人として、里母と里父だけではなく、補助者も養育に参加できるファミリーホームをつくり、比較的養育のむずかしい子どもにも対応できるようにチームで子育てを始めました。現在二カ所のファミリーホームを運営していますが、子どもの育ちの場としての受け入れ希望が多く、もう少し増やす必要がある状況です。「なぜ里親さんがこんなに増えているのですか」とよく聞かれます。それは、みんな子育ては大変だけど楽しいからだと思います。そしてつらいときは、必ず誰かが助けに来てくれるという安心感もあります。むぎのこの里親さんの多くは障害児を育てた経験があるとはいえ、専門的に心理学や教育学を学んでいたわけではありませんので、特に年齢が高く愛着からくる課題がある子どもの養育は、困難な場合が多く、コンサルティングを受けながら養育をしています。

　このようにむぎのこの里親とファミリーホームは、むぎのこのさまざまなサービス、スタッフ、地域の人たちに支えられるシステムに守られて、里子をしっかりと守り育てることができています。私自身も里子が幼児期に家でパニックになることが多く、むぎのこのスタッフに駆けつけてらったり、電話をしてサポートをもらったりしました。実子と里子も子ども同士昔から一緒にいたように仲良くなり、地域のおばさん、おじさんからもとてもかわいがられています。

写真 3-9　ファミリーホーム

　むぎのこでは、子どもたちや家族に障害のあることも、里子であることもノーマルなことで、特別なことではありません。いろんな人が助け合って子育てし、みんなふつうに暮らしています。

教育との連携――インクルーシブ教育

創設当初、お母さんたちと北欧を中心に視察に行き、インクルーシブ教育の中で障害のある子どもたちも地域の学校で学んでいるということを見てきました。ノルウェーでは国の施策で、二十人学級に一人の教師、アシスタント、難民の子どもの通訳、障害児のサポートと四人のスタッフがいたのには驚きました。

ノルウェーを視察したときにはオスロの市長セーボネスさんと出会いました。ご自身も手足に障害のある市長さんでした。その後三回札幌にいらしたときにむぎのこにも来てくださり、むぎのこのお母さんたちに、障害のある人が生きるということをご自身の育ちや体験も交えて涙ながらにお話してくれました。セーボネスさんは、足が義足で手も不自由でしたが、お母さんが将来必要になるからと裁縫を教えたそうです。針と糸を通すのに初めは何時間もかかりましたが、けっしてお母さんは手伝わずセーボネスさんが不自由な手でも裁縫ができるように育ててくれたそうです。厳しいように見えるけれど、そこに母が自分のことを思う愛を感じたことを教えてくださいました。

「子どもに障害があっても、親子共ども、人生をけっしてあきらめてはいけないよ」と自分の経験を通して魂の言葉をお母さんたちに伝えてくれたのです。そして、「障害のある人を排除するような街づくりではなく、障害のある人を真ん中に置く街をつくることが、たくさんの市民の幸せにつながるのです」とやさしい眼差しで教えてくれました。当時は障害者権利条約を

写真 3-10　セーボネスさん（左）、むぎのこにて

まだ批准していなかった日本ですが、オスロ市長として、実際この考えで街づくりをしてきた当事者でもあるセーボネスさんの実践と科学と信念・人間愛に基づいた言葉は私たちの心に深く強く響きました。

セーボネスさんとの出会い、そしてノルウェーで実際のインクルーシブ教育を見たお母さんたちは、「自分の子どもを遠くの特別支援のための学校に行かせるのではなく、ふつうに地域の学校に行かせたい」と考え、地域の普通学級に入学させることを決めました。もちろん教育委員会は反対し学校も賛成してくれませんでした。

それでも話し合いを重ね、母子通学を条件に通学ができるようになりました。お母さんたちは何がなんでも普通学級に通わせたいというのではなく、子どもにとってよい教育の場となるように、学校の先生に負担をかけないように、また一緒に学ぶ他の子にも配慮しつつ、子どもが参加できる授業を選択しながらの通学が始まりました。

学校に行けない、勉強が遅れがちになる子ども一人ひとりに合った支援に関しては、まだ放課後等デイサービスがなかった時代なのでお母さんたちがフリースクールを立ちあげ、先生を雇い、そこで教育を保障するということにしました。お母さんたちがつくった小さな手づくりの学校でした。場所はむぎのこの向いの小さな家。そこはもともとカトリックの女性シェルターとして使われていましたが、そのときはほとんど使っていない建物のようでした。そこでお母さんたちが持ち主のカトリックの神父マンフレッドさんに、「建物を貸してください」とお願いに行きました。

マンフレッド神父は、社会事業や環境問題、外国人学生の受け入れなども熱心に行っていた方で、お母さんたちの突然のお願いにもかかわらず、「いいですよ。どうぞ使ってください」と二つ返事で承諾してくれたのです。しかも家賃はいりませんとのこと。私はただほど高いものはないと思い、「ほんの少しでも家賃を支払わせてもらえませんか」と申し出ました。しかし、「神様の業に家賃はいりません」とにこやかに答えられるだけでした。私たちは、こんな時代にこんないい人が世の中にいることに驚きました。本当にマンフレッド神父は、建物だけではなく、子どもたちへ、お母さんたちへ、そしてむぎのこに真の愛をくださいました。その後、その建物をクリニックとして建て替えるとき、長野県に住むカトリック信者である地主の方が土地も寄付してくださり、開設式にはマンフレッド神父も来てくださってお祈りをしてくれました。今でも毎年クリスマスカードをいただいています。人と出会うこと、ご縁が結ぶすばらしさに感謝の連続です。

子どもたちは高学年になると、少しずつ学校にも慣れ、学校や担任の先生の理解もあり全授業学校に行けるようになる子どもも出てきました。ヨウタ君が通っていたクラスの担任の先生は、「ヨウタ君をいじめないこと」と強くクラスの児童に伝えてくれたそうです。ヨウタ君は本人の希望でそのまま地域の中学校に進みました。その当時の同級生が現在むぎのこの職員になっています。彼は当時の様子を振り返って、「ヨウタ君は、体も大きいし怖かったですよ。僕は自閉症なんて見たこともないし知らないことだらけだったので。ヨウタ君はからかわれていましたが、それでも暴力にならないように我慢していたのがわかりました。それでいながら、休み時間になったら廊下をスキップして勢いよく走り回っていて驚きました」と中学校での様子を教えてくれました。地域の中学校で自閉症の人と触れる機会はほとんどなかったのでしょう。彼がヨウタ君に出会ったから障害福祉の仕事に就いたかどうかわかりませんが、今でもときどきヨウタ君の働いているスワンカフェ&ベーカリーに会いに来てくれる中学校時代の友だちもいます。

むぎのこの目指したインクルーシブ教育は、まわりにどう理解されていたかはわかりません。おそらく障害のある子どもは特別支援学校に行くべきという流れが強い時代に、むぎのこのやっていることは理解が得られなかったと思っています。しかし、日本の制度ではインクルーシブがむずかしいという現実を踏まえて、二十年前から学校や先生たちに負担をかけないかたちで、子どもたちが楽しんで地域の学校に行くにはどうしたらいいかと考え実践してきました。

その思いは現在も、そしてこれからも変わりません。

国連の障害者権利条約が日本でも批准された二〇一四年、インクルーシブのモデル校として札幌市の学校が指定され、むぎのこも一緒に取り組むこととなりました。年に数回、学識経験者、親の会、学校、教育委員会、むぎのこが集まって、インクルーシブ教育のための教育のあり方を個別のケースをもとに検討できた二年間でした。それ以来、札幌市内でも自立支援協議会子ども部会などで、また国でも家庭と教育と福祉の連携「トライアングル」プロジェクトなどを通して、教育と福祉の連携を進めていこうという機運が高まってきました。

いろいろな取り組みを通してわかったことは、同じ子どもを見ていても、教育と福祉とでは文化が違うということです。文化の違いを念頭に置かずに一緒に活動しようとするとうまくいきません。違いを理解することからしかスタートできないことに気づかされました。

子どもたちは毎日学校に通学し、放課後等デイサービスに通ってきます。その子どものために学校と連携をとっていく必要があります。そのために私たちは、地域の学校の校長先生の退職後に学校と福祉の懸け橋として働いてもらっています。これは本当によかったことでした。元学校の校長先生と受け入れ側の学校、お互いが文化の違いを埋めてくれて、それぞれにしかわからないことの理解につながったのです。このことによって、お母さんたちやむぎのこのスタッフたちの学校への理解が深まり、子どもたちが安心して学校に通学できるようになりました。校長先生や学校の先生がむぎのこに来てくれたり、元校長先生だけではなく、むぎのこの

写真 3-11　学校支援：両端の 2 人が小学校と中学校の元校長先生、間の 3 人はむぎのこのスタッフ

スタッフも一日五人くらい学校へ支援に出かけています。

学校の運動会では、三十人以上のむぎのこスタッフが、子どもの支援のために一緒に参加しています。学習発表会など他の行事のときも同じような取り組みをしています。このように福祉側のスタッフが支援に入って障害のある子どももない子どもも、同じ地域の学校で学ぶかたちは、日本中にもあまりないかもしれません。制度はないけれどノルウェーのような場面が展開されているのです。地域の学校で、むぎのこの子どももそれ以外の子どもも、みんなが元気に通学し学校生活を送っていくために教育と福祉の連携は欠かせません。学校を知り、お互い子どものよい成長を願い、日頃からコミュニケーションをとっていくとともに、それぞれの役割の違いを知ったうえで連携していくことがこれからもずっと必要です。

三　家族支援――絶望から希望に変わるつながる支援

「家族が助からなければ、子どもは助からない」。これはフィンランドを訪れたときの家族ネウボラ（注）のネウボラおばさんの言葉です。

どんな子どもも親を求めます。そして自分にやさしくしてほしいと望んでいます。でもその望みがかなわないとき、絶望に変わり反社会的行動に出ることもあります。障害があっても同じです。子どもは自分が障害があると思っていません。子どもはその状態で生存しているだけです。

しかし、親は社会の文化を通した目で障害のある子どもを見て絶望に陥ってしまいます。社会が障害のある子どもを大切にするなら、家族の悩みも半減することでしょう。家族のみなさんは社会の脱落者に見られることを恐れています。それは当然のことです。二〇一一（平成二十三）年東日本大震災の原発事故のとき福島県で被災して、他県の転校先でいじめにあうくらいですから。それほどの差別があること、その痛みを共有することが根底にあって家族支援は始まると思っています。

（一）心理的支援――西尾先生との出会い

むぎのこの心理支援を語るうえで西尾和美先生との出会いはとても大きなものでした。

お母さんたちの心理支援を進めていく中で、グループカウンセリングの大切さを感じましたがなかなかうまくいきません。何か知らないことがあるような気がしてなりませんでした。親業なども学んだものの、大変いいプログラムでしたが、そのころの私にはしっくりときませんでした。何が子育てに影響するのか、どうすればよいのか、悩みは尽きませんでした。

そんなある日、ＮＨＫの朝のニュース番組「おはよう日本」で、西尾先生が自分の育った家族の人間関係が子育てに影響するアダルト・チルドレンのお話をされていて、心の傷を受けた結果、生きづらさを抱えている人たちへの治療的なケアがあることを教えてくれました。そのころ日本では心理療法やカウンセリングを受けたりする習慣があまり一般的ではありませんでしたが、そのお話を聞いて、一人で悩むのではなく相談したり、癒しや回復のために、アメリカのように支援を一般的に受けられるようになることが必要ではないかと思ったのです。自分に気づくようなワークショップは当時（二〇〇〇年ころ）日本ではあまりなかったため、実際に自分が西尾先生のワークを受けることにしました。

（注）ネウボラはフィンランド語で「アドバイスの場」という意味で、母親の妊娠期から就学前までの子どもの心身の発達支援から家族のサポートまで相談できるワンストップ型の子育て支援。フィンランドのどの自治体にもあり（全国で八百五十）、健診は無料、保健師や助産師を中心に専門家が対応。担当制なので同じ担当者が継続的にサポートする（通称：ネウボラおばさん）。ネウボラにはいくつかの種類があり、「家族ネウボラ」は、十三歳未満の子どもとその家族を対象として、育児相談やカップル（夫婦）・家族の心理相談（セラピー）にあたっている。

自分自身トラウマなんてないと思っていたので、見学のようなつもりでの参加でした。行ってみると、参加者のみなさんはこれまで秘めてきた心の傷がたくさんあり、つらい経験をしてきた人ばかりで、泣いている人も多く、私は一歩も二歩も引いてしまいました。最後から二番目で、とうとう自分の番になったときに何を心の傷に持ってくればいいのかまったくわかりませんでしたが、しかたなく気にかかっていたことをやっと絞り出しました。

それはとてもシンプルなことでした。私の母は私が通っていた学校で家庭科を教えていて、そのときは母ではなく教師だったので、声をかけにくかったという場面を再現してもらいました。私は他の参加者のように涙することもなく、西尾先生に言われた言葉を発してワークは終わってしまいました。「このワークは一体なんの意味があったのだろう」と少しがっかりしました。そのあと先生が、「今度はお父さんとお母さん役の人にハグしてもらってください」と言うので、私はお母さん役の人にハグをしてもらいました。その瞬間、なぜかそこで初めて自分が教師の娘としてがんばってきたことに気がつきました。すると自然と涙がこぼれました。

私は虐待を受けたとか嫌なことをたくさん言われたという経験は比較的少ない方だと思います。精神科の先生にも「親子関係はよかった方ですね」と言われたこともあります。しかし、私はこのときの経験やそれからさまざまな学びをする中で、トラウマは誰にでもあり、この心の傷や自分の育ちが大きくても小さくても今の自分に影響していることを知りました。そして、子育ては無意識に自分の育ちの連鎖になってしまうことが多いので、自分に気づき安全な場で自分を癒すことがスタートなんだということを知ったのです。西尾先生はそうした人たちが、やがて子どもたちを傷から守ることができるようになっていくでしょうと著書の中で語っておられます（西尾、一九九八）。

私は、西尾先生と出会って謎が解けたような気がしました。虐待を受けた子どもは適切な支援がなければ、親になってやはり自分の子どもを虐待してしまうという虐待の連鎖がまだ一般的に知られていなかった時代でした。逆に言えば何千年も続いてきた子育ては、育てられ育ててきた営みだったとも言えます。過去に大きな戦争も体験しました。そのトラウマもあると思います。また、核家族化によって子育ての場面を見ないまま親になってしまい、育児書やインターネットの情報に頼る時代になり、子育ても他の子や社会における比較に目を奪われ競争的になって、子育てそのものの本質や着地点が見えないまま困り感を抱えた子どもや親が増え続けています。

障害のある子どもの子育ては、もちろん配慮が必要です。ですが、お母さんたちには一人ひとりいろいろな育ちがあり、そのことがそれぞれの子育てに影響していることは、基本的に変わらないのです。実際に、むぎのこに来ている障害児のお母さんたちも、いろいろな育ちがあり、心の傷もあり、そのことが障害のあるわが子の子育てに影響しています。今までふつうにやってきたことが実は機能不全であり、子どもがつらい思いをしたりしていることに気づかないでいることが多いのです。

写真 3-12　西尾先生（右から２人目）

グループカウンセリングやトラウマワークを通して、つらさを分かち合い、希望を持ち、無意識にやってきたことを振り返り、仲間で助け合い、いままでの自分をやさしく許し、労わりながら自分の家族を癒し、成長していくきっかけになってきたお母さんたちが多数います。このような機会を積極的に利用してもらい、障害のあるなしにかかわらず、自分も次世代の子どもも健全に育ってほしいと思います。

障害のある子どももお母さんや家族もできるだけ健全に幸せになってほしい、そのためにむぎのこではこの心理支援がベースにどうしても必要だったのです。

アメリカで子育てや障害のある方の支援をしている団体を見学すると、どこも心理支援がベースにありました。貧困の方の支援も、食料や経済的支援だけではなく、専門の教育を受けた大学院生によるカウンセリングが無料もしくは低額で行われていました。里親支援、思春期支援、アジアから来た難民の支援、障害者支援、すべてのところに心理士が配置されていました。まずは定期的なカウンセリングです。その中にソーシャルワーカーが入り、支援の組み立てがなされていました。

西尾先生もいつか日本もアメリカのように気軽にカウンセリングやグループワーク、トラウマケア、自助グループなどを受けることが一般的になることを願っていました。そこで私に、「あなたが大学院に行って、勉強して困っている方々の役に立つ知識とスキルを身につけなさい」と、二〇〇二年にアライアント国際大学・カリフォルニア心理臨床大学院（ＣＳＰＰ）日本校ができるときに入学を強く勧めてくれました。よくわからないままチャレンジしましたが、アメリカの最新の心理学を学び、三百時間に及ぶカウンセリングの実習、サンフランシスコでのコミュニティ心理学の現場見学など、得るものは本当に大きかったです。

その後、むぎのこの職員、お母さんたち合わせて七名も学ぶことができ、カリフォルニアの風がむぎのこにもたらされました。日本でもいつかふつうのこととして心理支援が受けられるようになったらと思い実践してきました。むぎのこのお母さんたちは、グループカウンセリングをいつのまにか略して「グルカン」と呼ぶようになり、むぎのこの文化として根づいてきていることをうれしく思います。

(二) 心理支援の実践

むぎのこでは心理支援として、各年齢ごとのグループカウンセリング、個別カウンセリング、トラウマケア、自助グループ、パパミーティング、ペアレントトレーニングが行われています。

写真 3-13　グループカウンセリング

グループカウンセリング

幼児期は年齢ごとに毎週開かれています。学齢期になると自助グループもあるためグループカウンセリングは月一回になります。スタッフは、セラピスト、コセラピスト、先輩お母さんの三人で構成しています。

むぎのこのグループカウンセリングは、発達に心配のある子どものグループの枠組みです。その他のグループは先輩のお母さんたちがリーダーになる自助グループとして行われています。グループカウンセリングの意味は、人としての成長をもたらすグループ、サポートグループ、教育的なグループなどの意味があります。いずれにしろ心理的なメカニズムに「変化」をもたらす点においては治療的ともいえます。

グループカウンセリングでは同じような悩みを持つお母さんたちや先輩たちと接点を持つことができ、そこで当事者同士がお互いにエンパワーメントされるということが、研究によっても明らかにされてきました。

むぎのこ発達クリニック木村直子医師の二〇一八年の日本子ども虐待防止学会（ＪａＳＰＣＡＮ）での報告によると、障害児の親はすでに育児ストレスが高い状況にあり、虐待に至りやすい被害的認知を高めないためには、「自尊感情を高める」ことが必要であり、当事者の力で自己肯定感が高まることを、①半構造化インタビュー（Grounded Theory Approach）、②心理検査（SDS・STAI・Rosenberg の自尊尺度）を用いて調査しました。その結果、以下の三つの自己肯定感を高める要因が明らかにされました。

・親（当事者）同士の対話の場所があること。
・親自身が受容され、過去を含めた自分を受容すること。
・自分の役割（仕事）を与えられること。

障害児を虐待から守るためには医療・福祉・教育の支援は必要ですが、親の大きな心理変化に至るためには、親（当事者）同士の力が重要という結論でした（木村、二〇一八）。
実際にグループカウンセリングを受けたお母さんのエピソードを紹介します。

【ケイタ君のお母さん】

二〇〇六年四月、三歳でむぎのこに来る前は多動で聞き分けがなく、思い余ってたたいていた。外ではいい顔をして、家に帰ってからケイタを責めていた。その場で怒らないで、車に乗ってから怒鳴《どな》ったりした。

グループカウンセリングに出て、自分はいい人に見せようとしていたことに気づいた。嘘でも自分はいいお母さんだよと見せようとしていた。そのせいで、ケイタにきつく当たっている自分に気がついた。自分からカラをはがさなくちゃと思った。そして自然体でクラスのお母さんたちや担任と話すようにした。そして、怒らないように気をつけているとケイタも活気が出て表情もよくなったのだが、他害が多くなった。担任からはクラスの子どもに関心を持つようになったので、気持ちの代弁をしていきますので長い目で見ていきましょうと言われたが、母子通園をしているときには、他の子をたたいたり、髪を引っ張るのを、やめさせようと焦っているだけだった。二〇〇七年四月ごろからかわいい女の子に他害が多くなり、その子の親に合わせる顔がないと思うようになり苦しくなった。けれど誰にもそのことは言えずに、六月から十二月まで半年間パートに出て、仕事に逃げて母子通園もしなくなり、グループカウンセリングにも出なかった。

今年（二〇〇八）の一月から担任に説得され、母子通園を再開して、グループカウンセリングにも出るようにした。そこで自分が母子通園できなかったこと、グループカウンセリングにも出られなかったことを話した。こんなこと話すのは恥ずかしいと思っていたが、古家先生とお母さんたちはうなずいて話を聞いてくれた。それからはグループカウンセリングで気楽に話せるようになった。

そして、ケイタのことよく見て、ケイタの言い分を聞くことにした。

むぎのこに来てからグループカウンセリングで子どもの問題行動をやめさせるのではなく、気持ちの代弁が大切と学んできたが、これだと思った。

ケイタと気持ちが通じ合えていると少しずつ実感できるようになってきた。

【アユカさんのお母さん】

園長の個人カウンセリングで、アユカに睡眠障害とパニックがあり、ショートステイホームを勧められた。五月からショートステイホームで連泊で見てもらった。

母親として最悪、できていない。アユカを捨てているんじゃないか。他人からもひどい母親と思われるに違いない。責められるんじゃないか、グループカウンセリングに出たくないと担任の前で泣いた。でも担任に出るように勧められた。泣きながら出た。

ショートステイホームに連泊させてもらっていて、週末会ったらつらくて吐いている。こんなに手厚くしてもらっているのに週末も見られない。

グループカウンセリングで話してみたら否定されなかった。それどころか、「つらいね、今ね」とカウンセラーの先生に責められる感じじゃなくて、聞いてもらえて救われた。

他のお母さんも責める感じじゃなくて、肯定的な雰囲気が柔らかくてよかったなと思った。

以上は十年前、子どもが年長になったケイタ君とアユカさんのお母さんにカウンセリングの感想を聞いたときの記録です。

その後、ケイタ君のお母さんは、児童発達支援センターで児童指導員として若い職員を支えています。

アユカさんのお母さんは十回以上トラウマの癒しのワークショップに参加。自死の家族がいる家庭の自助グループに出席しています。看護師の資格を生かして成人の通所施設で働いています。

ケイタ君は現在は普通高校二年生になり、アユカさんは生活介護事業所に通所しています。

こうして十年間の経過を振り返ってみたときに、むぎのこにおけるグループカウンセリングの役割の大きさにあらためて思い至りました。子育てグループの機能、自分の苦悩の気づきと仲間の中での癒しは前向きな生き方への道しるべとなっています。

自助グループ

学齢期は、月一回のグループカウンセリングを開催していますが、その時期になるとお母さんたちは少しずつ仲間ができ、いい意味で横のつながりできるため、ピアカウンセリング（自助グループ）による支え合いの場に参加するお母さんが増えてきます。むぎのこでは、お母さんたちが自主的につくったものも含め、お母さんたちのニーズに合った十以上の自助グループがあります。虐待を受けてきたお母さんのグループ、子どもに虐待をしてしまいそうになるグループ、アルコール依存症の保護者のもとで育ったグループ、家族に自死の方がいたグループ、DVのグループ、がんを経験したグループ、コントロールの強い親に育てられたグループなどテーマはさまざまですが、社会的に孤立しやすい同じような経験をした当事者同士、安心して自分のことを語り合い、エンパワーされる場になっています。そこでリーダーになっているのは、先輩お母さんたちです。

ペアレントトレーニング――コモンセンスペアレンティング（CSP）

発達障害の子どもや虐待を受けた子どもは、とてもナイーブでデリケートな子どもが多いために、お母さんたちの心のケアをしつつ、お母さんたちや職員も一緒に肯定的な言葉かけをして子どもと関われるようにするために、六年前ころからコモンセンスペアレンティング（CSP）に取り組んでいます。

毎週一回グループカウンセリングの前にお母さん向けの講座でCSPを行い、ロールプレイで具体的に子どもに対する肯定的な関わり、子どもに問題が起きたときにお互いを傷つけずに関わる方法などを学んでからスキル練習をしています。ペアレントトレーニングは、繰り返し練習することで身につくので、ほめること、肯定的に関わることを楽しんで練習することが大事です。子どもへの期待を高く持たず、できていることを肯定的にほめることが日常の暮らしで意識してできるようになると、子どもとの関係が変化し、トラブルで関わることが減った

写真 3-14　コモンセンスペアレンティング（CSP）

という声が聞かれます。ペアレントトレーニングは、子どもとどう関わり、どう言葉がけをしていいかわからないお母さんが増えてきている中で、たとえかたちから入ったとしても、大人と子どもとのよいコミュニケーションにつながり、子どもが肯定されるので、今後ますます重要なプログラムになると思われます。

子どもの側から考えると、安心感やアタッチメントの再形成につながり、認知的ゆがみも修正されます（中田、二〇一八）。養育者側の行動をポジティブなものにすることで、子どもとよい感情の交流に変わることも見られ、結果として関係性がよくなっていく場合もあります。

ボーイズタウンのシステム

アメリカでボーイズタウンのＣＳＰに出会ったのは、児童相談所の措置で児童心理治療施設からの子どもがむぎのこに来るようになり、今後どのような学びをしたらいいのか模索していたときでした。日本ではボーイズタウンのことを学ぶ機会がなかったので、特別に頼んでボーイズタウンに行ってみることにしました。二〇一三年五月のことでした。

ボーイズタウンは、アメリカ中西部のネブラスカ州にあるさまざまな困難を抱えた少年少女のための児童施設で、フラナガン神父が一九一七年に創設しました。フラナガン神父は日本ともつながりが深く、戦後始まった赤い羽根助け合い共同募金を提案した方でもあります。

ボーイズタウンは、とてもシステムがしっかりしていて、関わりがたくさん必要な子どもの段階では入院治療でスキルを身につけます。その後、地域のドミトリーという小規模の施設に移ってから、最後にファミリーホームでの生活が始まります。ファミリーホームの里親さんになるには、最初の二週間びっしりトレーニングを受けます。その後はコンサルタントがついて、困ったときはいつでも相談にのってくれます。スーパーバイザーは定期的にワンオンワンミーティング（一対一の面談）をします。何かホームで問題が起きたときは、コンサルタントが支えてトレーニングを新たに加えたりします。支援方法も研究されていて、百年先もよい支援ができるようにトレーニングも含めてシステムが一貫していて、ボーイズタウン全体で子どもを育てる仕組みができていました。

プログラムはアタッチメント、応用行動分析（ＡＢＡ）ベースで構造化されていて、しっかりと肯定しほめること、何か起きる前に予防して社会スキルを練習すること、問題が起きたときの適切な対処方法と適応行動を教えること、コントロールできなくなったときの対処法など、子どもや障害のある方に関わる職員にとっても支援の基本となります。学ぶだけではできません。日常的に自然に使えるようになるには毎日の練習が必要です。昨年（二〇一九年）ボーイズタウンを見学してきたむぎのこの職員によると「すべてが自然に流れていました」とのこと、むぎのこでこんなふうになるにはきっともう少し時間がかかるかなと思います。むぎのこにもいろいろな職員がいるので、この肯定的な支援をみんなが身につけられるように、日々努力し続けなければと思っています。

ボーイズタウンの入院治療の場を見学に行ったとき、さぞ大変な子どもがいるのではと想像し覚悟して病棟に入ったのですが、子どもたちは学習の時間で、みんな並んで、「こんにちは、はじめまして、私の名前は○○です。お会いできてうれしいです」と全員が握手してくれたのにはびっくりしました。何年もたってあとから学んで知ったのですが、これは予防的な教育で社会スキルの練習をしっかりやっているということだったのです。

ボーイズタウンの里親支援では、肯定的な関わりはもちろんのこと、アタッチメントとグリーフワークやトラウマケア、攻撃性の強い子どもへの対応、思春期の子どもと考える問題解決法、子育てプラン、職員の育成、スーパービジョンの方法まで必要なことがトータルに支援の中に入っています。ボーイズタウンもカリフォルニアで学んだ臨床心理も、日本のようにこのプログラムしかないという発想ではなく、子どものために必要であればいろいろなアプローチをトータルに使う柔軟性を持って、前向きにリスペクトとしながら取り組んでいるところがすてきだと思っています。

トラウマケア――トラウマと向き合い自分を肯定する子育て

むぎのこでは、二〇〇〇年からトラウマを持った人や大人になったけれど生きにくさを抱えた人のために西尾和美先生がつくりあげたトラウマケアである「リプロセス・リトリート」を行い、セラピストの養成も行ってきました。

リプロセス・リトリートとは子育てがなかなかうまくできない、うまくいってない、どうすればいいかなどの悩みを抱えるお母さんたちが、自分の育ちを振り返り、育ちの過程で起きたつらいことを癒していくワークです。自分のライフヒストリーを知ることで、自分の存在への気づき、アイデンティティを知りトラウマをみんなの中で癒すことで、お母さんの子育てが無意識の関わりではなく、自分を意識した健全な子育てにつながります。

実際にワークを受けた中学生の子どもを持つお母さんの話を紹介します。

私は、二歳半のときに母を亡くし、父と祖父母と三歳年上の障害のある兄と二歳年下の妹とで暮らしていました。幼いころから祖父に殴る蹴るの暴力を受けていました。父には小さいころから、「お前はどうせ何をやったってダメなんだから」と言われて育った私は、とても肯定感が低く、祖父から受ける暴力も自分が悪いからだと思っていました。

小学校高学年くらいから父から性的虐待を受けるようになりました。そのころの私は嫌だったけど私は父から必要とされてる、愛されてるんだと思い拒むことができませんでした。父からの性的虐待は中学三年生くらいまで続きました。中学生になって自分の家がふつうではないことに気づいた私は、絶対に周囲に知られたくないと思うようになり、高校生になってからは、生徒会や文化祭活動に積極的に参加する明るく元気な女子高生を必死に演じていました。

高校を卒業してからは銀座でホステスをして働いていました。そこで知り合った二十八歳年上の妻子ある男性を好きになり、その人が札幌に転勤するときについて行き一緒に暮らし、そこで男の子と女の子の双子を出産しました。

子どもたちが生まれたときはとても幸せな気持ちになりました。ですが、双子の子育ては想像以上に大変なものでした。しかし、そのころの私は、「大変だから助けてほしい」と口に出して言うことができませんでした。大変と思うたびに父に言われた言葉を思い出し、やっぱり私は何をやってもダメなんだと思い、もっと気持ちが落ち込みました。

一歳半健診で息子が重度の自閉症と診断され、その一年後にむぎのこに入園しました。むぎのこでは母子家庭のお母さんたちが明るく元気に支え合いながら生活しているのを見て、私もこのままではいけないと思い、子どもたちの父親と別れ再出発しました。それでもなかなか双子の子育てはうまくいかず、子育ての中で自分の子どものころを思い出すことがあり、そのたびにイライラしたり大泣きしていました。

そこでむぎのこのさまざまな心のケアを受けました。最初は個別のカウンセリングを受けていました。何回か受けていく中で、徐々に自分が受けた虐待の話をできるようになりました。その後、ワークを受けたり、性的虐待の自助グループに入って自分と同じような虐待を受けた経験がある人の中で話しをするうちに、ずっと誰にも知られたくないと思ってきた気持ちが少しずつ軽くなり、自分だけではないんだと思えるようになりました。ワークを受けた最初のうちは自分が思い出さないようにしていたいろいろな記憶が蘇《よみがえ》ってきてパニックのようにに大泣きしました。ですが、何回も受けていくと自分は悪くなかったんだと思えるようになり、そう思えたことで前に進みたいという気持ちが自分の中に現れました。

過去は消すことができないけれど、カウンセリングやワークや自助グループを受けることで自分の受けたトラウマと向き合え、三年前には保育士の資格を取得することができました。そして同じような経験をした仲間と出会うことができました。これからもありのままの自分と向き合いながら仲間と支え合って生きていきます。

子どもも誰も何も悪くないのに、障害児や障害児の母というスティグマ（烙印）があるのも事実です。虐待を受けてきたことで、自分は悪くないのに生きにくさを抱えて子育てしているお母さんたちがいます。フィンランドのネウボラおばさんの言葉を先に紹介しましたが、子どもを救うためには、家族を救わなければなりません。お母さんたちは、むぎのこの中と外でさまざまな出会いを通して変わっていきます。虐待を受けてしまったという事実は変わりません。しかし、そのトラウマをケアし自分を肯定することができるようになると、よりよい子育てにつながります。

パパミーティング

お父さんへの支援は、毎月二回土曜日の夜、同じく子どもを育てている男性職員が中心となって行われています。ここではやはりモデリングとリハーサルを中心にしたペアレントトレーニングをしたあと、日頃の子育ての悩みや妻との関係性、会社のことなどいろいろなお父さんの思いが語られています。子どもの行動を受け入れることや、感情的になってしまうなど、お母さんとは違い会社など能力主義の社会で生きるお父さんならではの悩みがあります。お父さん同士も自分の悩みや弱さ、時には不満、喜びを語り合い、子育てが前向きになるように地道な取り組みを続けています。

きょうだい児への支援

障害のない子どもが障害のあるきょうだいの存在を意識し始めるようになると、同じ子どもなのにお母さんが障害のある子にばかり手をかけ、障害のない自分は甘えることもできず、高い期待ばかりをかけられて不公平感を覚え、家庭内で思いどおりにいかない不満と不安が出てきます。さらに将来結婚するにあたって、相手や相手の家族に理解してもらえるだろうかという不安など、社会との接点の中で障害のあるきょうだいの存在そのものへの葛藤に苦しみ、多くの悩みや育ちのうえでの不全感を抱えて成長して、大人になってからこれまで出せなかった心の鬱積《うっせき》が、言葉や行動または身体化によって表現される場合もあります。このような困り感に関しては、障害のないきょうだい児にも早期から向かい合う必要があります。

このニーズに対して、むぎのこでは母子通園するきょうだい児のいるお母さんたちが集まって、二十年前に無認可の保育園を立ちあげました。現在は企業主導型保育園として三十五名の子どもの受け入れを行っています。

きょうだい児も親と同じように、障害のあるきょうだいのことを心の中に抑圧するのではなく、気持ちを語り合う場が必要です。きょうだい児たちは、小学校高学年になると障害のあるきょうだいに対してかなり否定的な表現をするようになりますが、そのような思いは中学生そして高校生と成長するにつれずいぶんと変わってきます。あんなに存在を否定していた障害のあるきょうだいのことを、「いろいろあるけど、まあいいところもあるし」、「がんばっているよ」など、少しずつ肯定的にとらえる言葉が増えてきます。それは、自分の気持ちを語りながら、少しずつ障害のあるきょうだいの存在を理解してきた結果です。

小さなときから、必死で子育てしているお母さんに代わって話を聞いてくれる保育士さん、また自分と同じ経験をしている仲間の存在も大きいです。きょうだい児が本当につらくなってしまったときに入所施設と連携して、障害のあるお兄ちゃんに何カ月か入所してもらい、きょうだい児がお母さんの心と体を独占できる機会をつくる必要があった家庭もあります。

四　助けを求める力を育む生活支援

障害のある子どもや不登校や家庭内暴力がある場合の子育ては、時にお母さんやお父さんの気持ちが揺さぶられ、いつまでこのつらさが続くのかと見通しが持てなくなり、つらさの中で自分や子どもを責めてしまうなど、打ちひしがれるようなこともあります。たとえば、パニックがなかなか収まらないで泣き叫んでいる、睡眠障害のため夜中起きている、高いところに登るなど目を離すことができない、子どもに暴力を振るわれた、学校に行かないなど、子育てで大変なときに、一人でまたは家族だけで一生懸命がんばりすぎると、「この子さえいなければ」、「私がダメな親だからこんな状態になってしまうのではないか」などと、お母さん自身を追いつめ、子どもをも追いつめてしまう場合があります。

実際に毎晩なかなか寝ないで夜中に起きて危ないことをするわが子の首を絞め、マンションの七階から落とそうと思ってしまったお母さんもいます。

困り感を抱える子どもの子育ては、暮らしの中で大変なことが多々あります。私たち支援者もその大変さをキャッチし、幼児期から子育てが大変なときは、「助けを求める力」をふつうのこととして育んでいくことが大事だと考えています。それは、将来子どもが大人になって、困ったときに助けを求める力にもつながります。

スウェーデンでは、障害のある子どもを育てているお母さんやお父さんたちが、家族や子どものためにも親自身が追いつめられないように、ショートステイ、ヘルパーなどを当たり前のこととして利用していました。

むぎのこでは以前から、実際に家に訪問して支援を行い、お母さんが病気のときは職員が家に連れて帰ったりしながら子育てを応援していましたが、今はヘルパーやショートステイがサービスとして位置づけられました。子どもの生活支援サービスが公的なものとして位置づけられたことは、地域で生活するうえでも画期的なことでした。子育てに疲弊して、最後は入所施設に入るしかないという構図が変わってきたのです。そしてお母さんたちが一人でがんばっていた時代に比べると、子どもの育ちも安定してきた実態があります。

ヘルパー

子どもに対して、ヘルパーが実際に家に行ってお風呂や食事介助、就寝介助ができるようになりました。なかなか学校に行く準備ができない、お母さんが病気などで朝の登校についていけない場合にもヘルパーが使えるようになりました。そのおかげで、生活自体が困難で不登校気味になりがちな子どもも、一日家にいるのではなく、学校教育や日中活動が保障されるよう

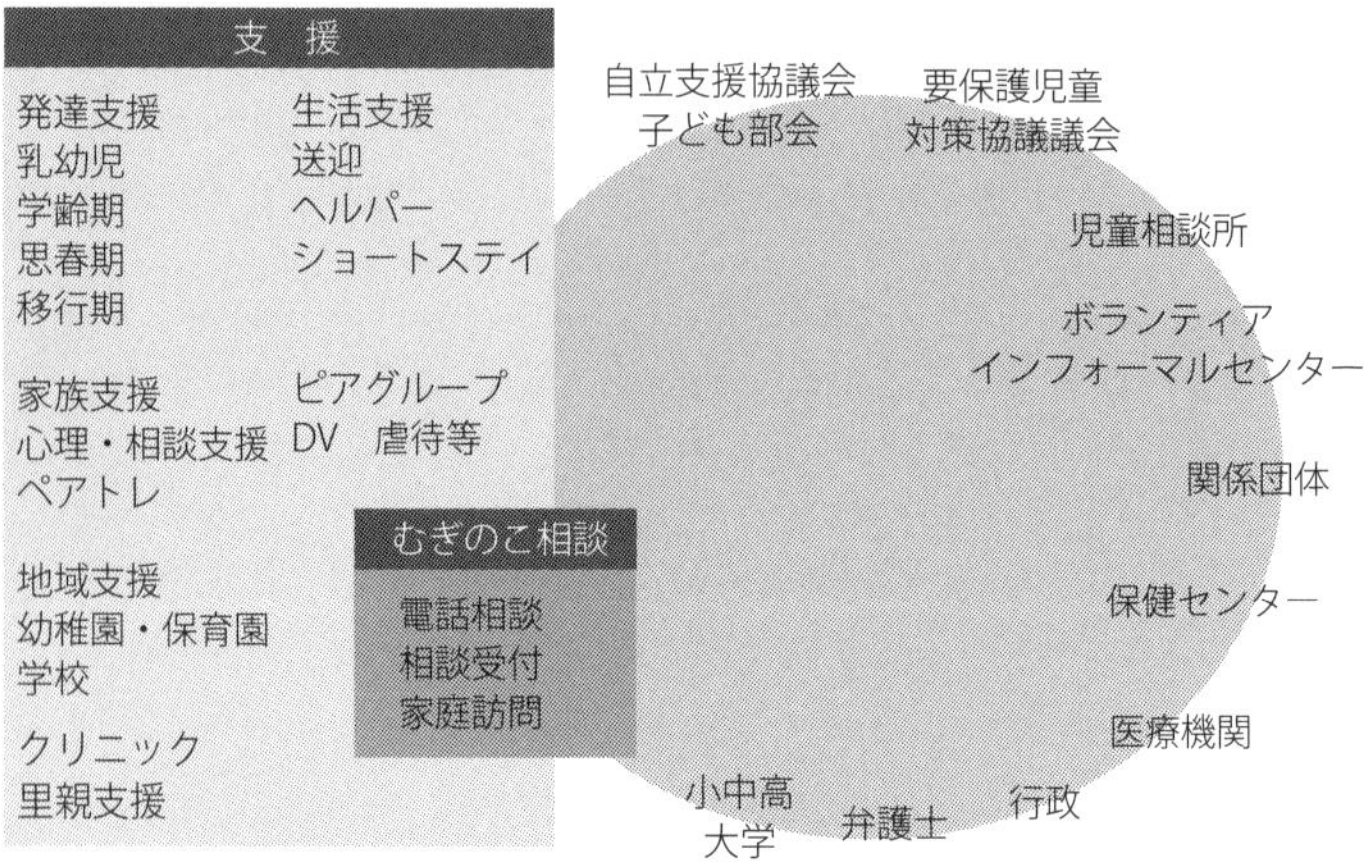

図 3-2　むぎのこの子ども家庭支援拠点と連携団体

になりました。また、これまでは思春期に入っても、一人で外出することがむずかしい子どもは、いつもお母さん時にはお父さんと出かけていましたが、ヘルパーを使えるようになり、少し年上の大学生など家族以外の第三者と外出できるようになったことは、本人の世界が広がるという点においても家族にとっても画期的な出来事だったと思います。

ショートステイサービス

具体的な生活支援のもう一つの柱はショートステイです。子どもが寝ない、パニックになることが多い、偏食がある、水分はジュースしか飲まない、きょうだい児の場合、養育者のレスパイト（一時休止）、社会的養護の必要な子どもの一時保護機能など、子育てが大変なとき、あるいは養育者が病気になったとき、そして虐待予防の観点からも、疲れたとき子どもをちょっと実家に預けるように、自然なかたちでお泊まりができるような機能が地域にあることは、今後ますます求められると思います。

五　他機関との連携

「一人の子どもを育てるには、村中の知恵と力と愛と笑顔が必要」というむぎのこのミッションのとおり、子どもは社会の子どもなので、むぎのこだけで抱え支えるのではなく、札幌市内の関係機関との連携が必要になります。子どもの家族が抱える問題を解決するためのむぎのこの支援の内容と連携・協働する機関や団体は、図3－2のように多岐にわたります。

六　支援を受ける側から支援する側に――子育ての村ができていく

不思議なことにたくさん支援を受けたお母さんたちが、支援する側に回ってくれるようになります。利用しているときはサービスに不満を言う立場でした。実際不満を言う権利はあります。しかし、社会で働くことによって、お母さんたちの自尊心は高まり、いい支援やよりよい社会をつくりあげる側に回り責任を持って生きようと思うようになると、お母さんたちに変化が起きるような気がします。わが子の幸せだけではなく、他の子どものことも考えるという変化が起きてくるのです。これは本質的でとても大切なかつ劇的な変化だと思います。
つらく当たって支援者をてこずらせていたお母さんたちが見事に変わっていく。みんなもともとのパワーはすごいのです。そして今度はそのパワーで若い職員を支える側になってくれています。お母さんのやさしさは成長であり、子どもとの関係もよくなってお母さんも子どもも安定して、人への信頼度が高まるのでしょうか。とても楽しい関わりになっていきます。

このように、むぎのこの先輩お母さんの中には法人のさまざまな部門で職員として働くようになった人がたくさんいます。さらにはむぎのこで育った子どもたちが、大学や専門学校に進学し、保育士や介護士などの資格を取って、むぎのこの職員として子どもたちを支える役割を担うようになってきました。まさにむぎのこの命をつないでいくサイクルが完成しようとしています。子どもと親のニーズに応えようと努力し続けてきた結果として、私たちが目指してきた「子育ての村」になろうとしています。
その新しい子育ての村は、違いを認め、弱さを肯定し、助け合い、よいところを認め合い、自由に物が言える、オープンな虐待のないやさしい村です。

【引用・参考文献】

厚生省（一九七一）厚生白書（昭和四十六年版）

久徳重盛（一九七九）『母原病——母親が原因でふえる子どもの異常』教育研究社
宮田広善（二〇〇一）『子育てを支える療育——〈医療モデル〉から〈生活モデル〉への転換を』ぶどう社、29・31頁
西尾和美（一九九八）『アダルト・チルドレン　癒しのワークブック——本当の自分を取りもどす16の方法』学陽書房
木村直子（二〇一八）「障害児の親の虐待予防——当事者の視点から」日本子ども虐待防止学会第24回学術集会おかやま大会報告
中田洋二郎（二〇一八）『発達障害のある子と家族の支援——問題解決のために支援者と家族が知っておきたいこと』学研プラス
北川聡子（二〇一九）「地域包括的・継続的支援の実際——民間レベルの子ども家庭支援『むぎのこ』の実践から」柏女霊峰編著『子ども家庭福祉における地域包括的・継続的支援の可能性——社会福祉のニーズと実践からの示唆』福村出版

第二部

子どもの成長・親の成長

第四章　むぎのこの子どもたちの日常

一　むぎのこ発達支援センターの毎日

プレむぎのこ

むぎのこでは、四月から入園予定の家族、むぎのこを見学して療育を受けたいと希望されている家族、途中入園の家族を対象に週一回一時間、「プレむぎのこ」を十月から翌年三月まで行っています。母子で参加してもらい職員がほぼマンツーマンで親子に対応します。その時間では、揺らし遊び、くすぐり遊び、あやし遊び、抱っこ遊びを中心にお母さんとの関係性を構築していくための療育を行って、子育ての支援をしています。

プレむぎのこで大切にしていることは、子どもは子どもらしく過ごし、お母さん自身もここに来てよかったと思えるように療育を行うことです。プレむぎのこに通ってくるお母さんは、相談相手もいなくて育児に自信がないこともあり、子どもとどう関わっていいのかわからず、家で子どもを怒ってしまうことも多いようです。発達に特性を持っているお子さんと日々向き合っているお母さんがほとんどなので、まずはお母さん自身を肯定し、お母さん自身もそのままでいいことを伝えています。子どもとの関わりややりとりは主に職員が行います。わらべうた遊びなどお母さんが子どもを抱いたりおぶったりする短い設定遊びをとり入れます。それから、職員と遊んだ直後も「よくやったね」とほめるようにお母さんに子どもを抱っこしてもらいます。そしてお母さんにかかる負担をなるべく少なくするように配慮しています。職員がそばにいることで、お母さん自身を励まし、肯定的な声がけで関わり支えています。お母さん自身が自分を肯定することで、子どもを肯定することができるからです。これで大丈夫というメッセージを常に送り続けています。

子どもに対しては、子どもがそのままの自分らしい姿でその場にいることを大切にしています。職員がほぼマンツーマンで子どもに対応し、安全を守りながら子どもの動きに合わせて活動に参加していきます。常に子どもの行動をほめ自己肯定感を高めていきます。また、職員が静かであることも場面により大切にしています。子どもが多動な様子のとき、大人が静かであることで、子どもが落ち着くことがあるからです。子どもの様子によって大人も動きを変えるのです。

活動の中で一番安心できる大人とのスキンシップや関わりを通して安心感を養っていきます。子どもにとってお母さんが安全基地となっていきます。〇歳から六歳までは人生の土台づくりの時期です。この時期の母子関係においては基本的信頼感を軸に、お母さんとの関わり・遊びを通して子どもが自分に自信を持ち、自分のことがすばらしいと感じられることが大切です。しかし、特に発達に心配のある子どもの場合は、お母さん一人でその感覚を育てることはむずかしいこともあるので、プレむぎのこでは愛着関係の基礎形成のために親子遊びを通して母子関係の構築を行っていきます。そのために、職員同士が連携し、空間の構造化をし、安心・安全の場をつくり、感性を一致させながら、プレむぎのこに来ている子どもやお母さんを大切にして発達支援を行っています。この場ではむぎのこで大切にしていることを感じてもらえるように、お母さん自身の子育てが少しでも楽になるように手伝っていき、子どもに対し肯定的になれるように励ましています。そして、今後むぎのこに通い始めたときに見通しを持った生活ができるように支援しています。

こうした支援の中で、子どもたちの発達の土台づくりも大切にしながら、お母さんたちに発達支援への参加の意欲を育て、職員も楽しさや困り感を共有できるような関係をつくっているのです。

あやし遊び

むぎのこでは、入園したばかりの一、二歳児の子どもとの関わりでは「子どもをあやす」ことを大切にしています。子どもをあやすことは、大人と子どもの間で共感関係を築き、子どもの発達にとって大切な土台となる「愛着関係」を育てることにつながります。むぎのこには、その共感関係を築きづらい子どもたちが多く通ってきています。子どもたちの気持ちに寄り添い、受け止めていくことを大切にしながら、実際の発達支援の場面では、揺らし遊び、くすぐり遊び、抱っこ遊びなどのスキンシップを多く行って愛着関係をより強めているのです。この遊びを通して、子どもたちが抱っこされて、「気持ちいい」、「うれしい」、「安心だ」と感じられるように支援しています。特に低年齢の子どもたちはわらべ歌を歌いながら、この遊びをしていきます。

むぎのこに来たばかりのお母さんと子どもは、お母さんが一生懸命関わろうとしていても、子どもと関係がうまくいかないという状況になることが多くあります。認知の躓《つまず》きもあり、大人を安心できる存在として頼ることがまだむずかしい、まわりへの興味を持ちづらいことが多いです。子どもたちとの関係を築いていくために、まず子どものすべてを肯定して関わるように、子どもが自分らしく、そのままの姿で生活できるように受け止めをしていきます。抱っこが苦手な子どもも多いですが、職員が揺らしながら抱っこし、抱っこされるのが心地いい、安心できることだと思えるように関わっていきます。そこで、抱っこ遊びを通して楽しさを感じられるよう励ましながら、お母さんも一緒に楽しめるように遊びに誘っています。

揺らし遊びでは、毛布ブランコを行います。毛布に包まれて、揺らされ心地よさを感じ、最後にお母さんに抱っこで受け止められます。一人で毛布に横になるのが怖い子は、お母さんや

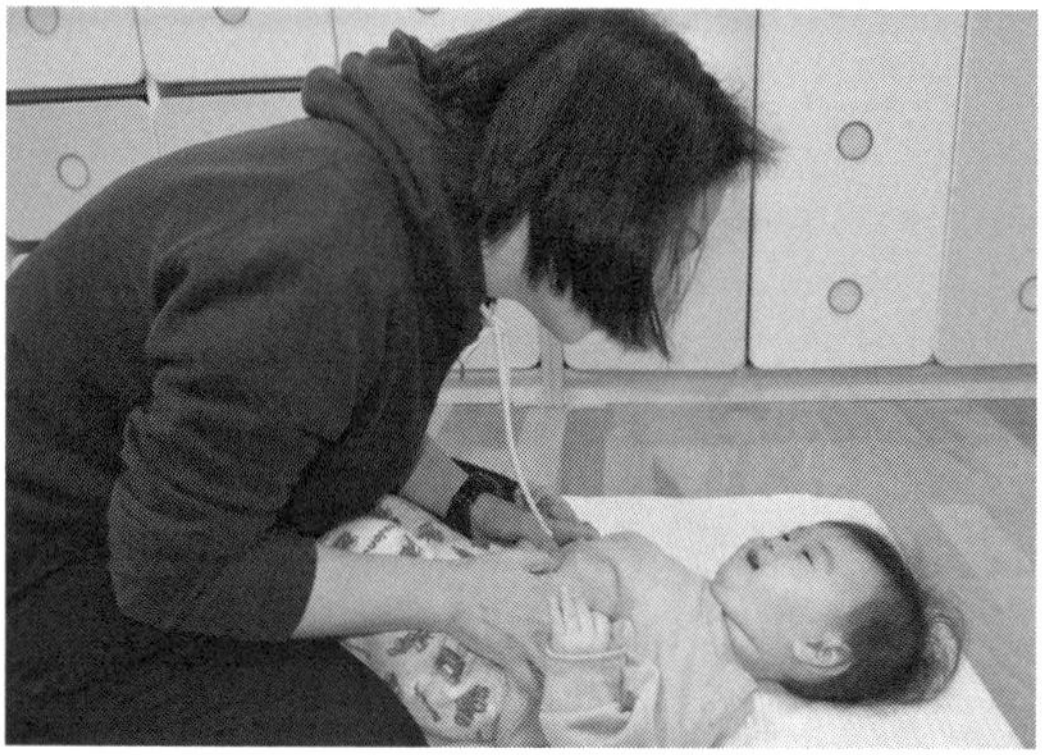

写真 4-1　くすぐり遊び

職員が毛布の下から抱いて体を支えて行うことから始めていきます。そして、終わったあとはみんなにほめられて達成感を持てるようにしています。繰り返し遊び込むことで、だんだん子ども自身が楽しさを感じ、自分からやりたいという積極的な意欲につながっていきます。

くすぐり遊びでは、にほんばし、ぞうきん、ふくすけさんなど子どもたちと視線を合わせスキンシップをとりながら、これもまた、子どもたちが楽しさを感じられるようにして行います。くすぐられるのが苦手な子どもたちも、やさしくそっと行うところから始めると、だんだんと楽しめるようになっていきます。子どもが楽しんでもう一回やってほしいと要求するようになると、お母さんとの遊びもより楽しくなり、だんだんと関係が深まります。

このように子どもたちは遊びの中で成長していきます。むぎのこでは遊びを通して、大人との愛着関係の形成、子どもの自己肯定感、自信、達成感につながるように幼児期のあやし遊びを日々行っています。

二歳児の発達

二歳ごろはその子の人生、愛着関係の土台づくりや成長にとても大切な時期です。「三つ子の魂百まで」という言葉があるように、三歳前後までに形成される土台が非常に重要になるのです。三歳までに刻まれた思考パターンや価値観がその後の成長に関わってくるので、二歳ごろの支援がとても大切であることがうかがえます。いろいろなことを経験して、脳を活性化させておくことも必要になってきます。ですから、できることならばいい関わりをしたいと誰もが思うのですが、常に肯定的な関わりを続けられるほど、子育てはうまくいくことばかりではありません。自己主張を引き出すには大人に甘えることが非常に重要になってきます。自己主張を常に受け止めるのは、子育ての中でとてもむずかしいと思います。ですが、親子が強く深い関係になることは、人間がものごととの交流を持つ自信の源になるのです。このように、むぎのこでは子どもを肯定的に受け止めるお手伝いができるように支援しています。

リズムや親子遊び、わらべ歌をたくさん取り入れた発達支援の中で、大人のぬくもりを感じ、楽しさも感じられるようにしていきます。できることが増えてきたとき、挑戦できたときには声がけや拍手、抱っこなどをして十分にほめて関わり、自己肯定感や活動への自信につなげていきます。ほめることが生活の基盤につながるのです。特にわらべ歌や親子遊びでは、くすぐりや揺らしなど子どもの好きな感覚が続くとわかると、「次はこうなる」と期待感（見通し）を持てるようになって、より活動を楽しめるようになります。二歳年齢は同じ遊びを繰り返すと、徐々に楽しめるようになるのでとても大切です。遊びに変化がないように見えるかもしれませんが、実は子どもたちが発達するのに重要な役割を担っているのです。

そういった良質な記憶を積み重ねると、一歳半ごろから表出しているゴネやパニックが、より強く感じられるようになるかもしれません。ですので、お母さんだけで受け止めるのはとてももむずかしいことだと思います。むぎのこの支援はお母さんの大変さや苦労といった荷物を一緒に持ちあげて支えていくことが役割の一つです。そうして一緒に子どもを支えていき、ゴネやパニックが子どもには必要でよいことであると教えています。ひと息に理解し飲み込むことは簡単ではないかもしれませんが、むぎのこでは保護者同士のつながりをつくる場面も多く、悩みを共有し合えることが多いです。

二歳年齢の障害のある子どもたちは、その特性が現れてきて、ますますお母さんを不安にさせる時期だと思います。そんなときこそ、発達支援を通じてお母さんが休む時間をつくることや、悩みを話す時間が大切になるのです。むぎのこでは、母子通園も単独通園もニーズに合わせて行えます。お母さんが助けを求められる、安心して子どもを育てられる場であるように、職員同士で連携して支援を行っています。

また、二歳年齢は言葉が増える時期でもあります。言葉の表出だけがすべてではありません

写真 4-2　絵本の読み聞かせ

が、正しい日本語をやさしく教えてあげることも大切です。子どものオウム返しにも大人が必ず反応を返すことも、子どもの言葉の発達に大切です。絵本の読み聞かせも最適です。特に、膝に抱いて一緒に読むと、愛着関係の安定にもつながり、よい時間となるでしょう。はっきりした発音、ゆっくりとしたテンポで読むことが大切です。絵本によってはリズミカルに読む、揺らし、歌うように読むことも子どもが楽しめて、発語にもつなげていけるでしょう。「絵を読む」のは、文字への気づき、文字を読めるようになってからではできなくなってきますので、この時期にお母さんや大人の声でたくさん読んであげることは子どもの発達に大切です。

むぎのこでは、二歳前後には簡単なストーリーの絵本や、音を楽しむ絵本をたくさん読んでいます。子どもたちは絵本が好きで、最初は関心がなくても徐々に興味を示すようになります。やりとりを楽しむ絵本なども、この時期にはとても楽しめますので、日常的に絵本を取り入れています。

これらの発達支援から、子どもは大人に信頼感を持ち、より安心できる環境の中で育っていくのです。そうして心も成長していくことで、大人との関係から友だち同士への関心につながっていきます。二歳では、友だちと遊ぶのはむずかしいかもしれませんが、関心を持つことが人間関係の基礎になるでしょう。

幼い子どもの土台をつくっていくことで、年長クラスになったときにさまざまな活動への挑戦、労働への参加が可能になるのです。

次に年長の取り組み、意味づけについて説明します。

年長（五〜六歳児）

むぎのこでは年長クラスに入ると子どもたちや先生と協力しながら年長児が行う活動があります。

五歳になると大・中・小という中間の概念が育ってきます。その中で自分や仲間を多面的に見る力が出てきます。仲間と一緒に力を合わせて一つの取り組みもできるようになります。一方で、この時期に失敗を恐がり、うまくいかないことや新しいことにトライすることを避ける子どもの姿も現れてきます。この時期は失敗しても大丈夫という大人の支えが大切になってきます。むぎのこでは、この大人の支えをお母さんと職員で力を合わせ、一人ひとりの子どもの心を支え、「あなたはあなたのままでいい」ということを一番大切にしています。

また、年長クラスは生活発表会で『スイミー』などの劇に取り組みます。『スイミー』には、「離ればなれにならないこと」、「持ち場を守ること」、「みんなで力を合わせて一つの大きな魚になって困難を解決する」という大切なメッセージがあります。子どもが注目されることや主人公になることに自信がないとき、お母さんにも舞台に立ってもらい、子どもの成功を応援します。子どもにとって舞台に立つことは大きな挑戦ですが、大切なメッセージを伝えるために、職員とお母さんたちで一致団結して子どもを支えることが、母子が共に成長できるかけがえのない機会なのです。

子ども自身が大変だけれども挑戦してみようという心を育み支えることが大人の大切な役割です。保育場面で私たちは、子どもの本当の願いをくみ取り、その願いを育てながら同時に子どもの中で生み出される矛盾と悩みを理解し、前向きに葛藤できるよう心を支え、願いが実現した喜びや達成感を共感し合うことが重要です。新しい活動に挑戦することで、大人とのよい関係を土台とした自分へのいいイメージで心が満たされ、発達の一歩先に向かって挑戦するエネルギーは高まるのです。関係が良好な場合は、子どもが矛盾を感じたり不安になったりしていても、それを乗り越え自分自身に自信をつけます。

障害があっても年長にふさわしい集団活動、主体的で能動的な活動、仲間と協力してつくりあげる活動、自然の中で命に触れる活動を取り入れています。どの活動も行動と結果をわかりやすく見えるようにしています。友だちと協力したり人のために働き、喜びや楽しみを感じられるように一人ひとりの発達に合わせた関わりや支援を行っています。

●制作活動

雑巾縫い

目標：自分で使う雑巾を自分で縫います。集中力、手と目の協応を育てます。

支援：必要に応じて針を刺す場所にペンで目印をつけて、子どもが縫いやすいようにします。

●労働活動

雑巾がけ

目標：普段使っているテラス、部屋をきれいにします。

・下半身や腕の強化につながります。

・体幹を鍛えて、バランス感覚を養います。

内容：高這いの姿勢で雑巾をかけます。

支援：スタートとゴールに職員が立ちゴール目指して雑巾がけします。

・二点間は、大人がスタートとゴールにいて目を合わせ、声をかけ合うことで子どもの通り道をつくる支援です。大人の視線の間を子どもは進みます。

・原則として高這いのかたちをつくります。自分で進めない子に対しては腰を落として向き合い、雑巾の角を引っ張って支援します。

花の水やり
目標：命を大切にすることを学びます。
内容：花や植木に水をかけ植物の世話をします。
支援：じょうろに水をくみ、二点間で花壇まで運べるよう支援します。（じょうろを持ちながら水を運ぶ）
・適度な場所に水をかけるよう促します。

布団干し
目標：ふかふかの布団で気持ちよく午睡するための布団を干します。
内容：晴れた日に自分で布団を持ち、友だちと一緒に干場に運びかけます。
支援：布団を持ち、二点間で干場に運びます。布団は二つ折りで持つ、四つ折りにして抱きかかえるなど子どもに合わせて持ち方の工夫をします。特に階段は危険なので安全に配慮して行います。

庭ばき
目標：ほうきなど掃除の道具の使い方を学びます。
意味：普段使っている玄関前を竹ぼうきを使って掃除します。
支援：ほうきの持ち方や動かし方を学びます。見通しを持てるようにはく場所を伝えます。

●自然・ガーデニング活動

じゃがいも植え↓世話↓じゃがいも掘り↓カレーづくり
目標：自分で育てた野菜を調理し、食べる連続性を体験します。
内容：じゃがいもの種芋植えから収穫まで体験して、他の材料は買います。そしてクラスの
　友だちと協力してカレーライスをつくります。
支援：作業の工程を子どもたちが経験できるように、発達に合わせて準備します。
・耕す、畝《うね》づくり、種芋切り、植える、水やり、草むしり、芋掘り
・カレーづくりでも必要な材料の話し合い、買い物など子どもたちが行っています。

●**運動会**

竹登り（56頁写真３‐１）
目標：勇気をもって高いところを目指すことにチャレンジ。
内容：一本の竹を登り、てっぺんにあるタンバリンを打ち鳴らします（大人が安全を保つよ
　うに竹を持つ）。
支援：自分で登る力のある子には最小限の支援で、介助しすぎないよう心がけます。上に登
る意識をはっきりと持てるよう、竹の上で大人が呼びかけます。
・上、中間、下で手、お尻、足を分担して、自分で登っている感覚を得られるようにその子
に必要な最小限の介助をします。身体障害などで介助が必要な子どもは、絶対に失敗のな
いように職員が集中して介助します。

写真 4-3　卒園式の荒馬（左）と竹踊り（右）

壁登り
目標：自分の背丈を越える壁を乗り越えることは簡単ではないですが、人生の壁と同様に何度失敗しても必ず自分で乗り越えます。
内容：壁の直前で踏み込み、壁の上辺を握り、腕を支えに壁を蹴りあげて片足をかけ、壁を抱きかかえるように体をのせ、腕を前後入れ替えて、足から降ります。
支援：一人で登れない子も基本のかたちをつくるよう介助します。手をしっかりと支えることで安心感を与えて自分で登る力を引き出します。

●卒園式

荒馬（津軽の民謡舞踊を基にした踊り）
目標：日本の民舞を体験し、四拍を体感します。友だちと一緒に踊り楽しみを共有します。
内容：荒馬の衣装を身につけ、走って入場します。四拍に合わせてケンケンをしながら進み、輪になって飛び跳ねながら踊り、走って席に戻ります。

支援：拍がとれない子どもにはそばで声をかけて左右の足の運びを意識づけます。

・自分でバランスをとって進むことができない子には脇を支えて、重心を左右にずらすことでケンケンのかたちをつくります。

・手をつなぎ輪になるときは躍動感ある荒馬をイメージして大人も一緒に飛び跳ねます。左側につく大人が斜め上にリードすることで荒馬のギャロップをきれいに飛べるよう支援します。

竹踊り（ベトナムの踊り）

目標：四拍を体感して踊りを楽しみます。

内容：一拍目で竹の間に踏み込み四拍を続け、リズムに合わせて交互に足を出して竹を渡り切ります。

支援：利き足を意識し、立ち止まらずにテンポよく進んでいけるよう支援します。

・踊りということを意識して軽快に飛び跳ねながらステップを踏むように支えます。

・1、2、3、4のリズムの1で竹を開き足を入れます。曲のテンポは子どもの発達に合わせて遅らせる場合もあります。

こうした年長活動の姿を見て、年中以下の子どもも憧《あこが》れや見通しを持つことがあります。お母さんたちも同様に見通しを持つことができます。幼児期の土台づくりから始まり、労働を行える就学前まで、このようなかたちで発達支援を行っています。

二　放課後等デイサービス

放課後等デイサービスは、変化の大きい学齢期の特徴を理解しさまざまな活動を通して、子どもたちの育ちを保障する場です。

幼児期は、遊びを通して大人からの愛着を基盤に支援をしてきましたが、学齢期も遊びや活動を通して仲間の中で自分らしさを肯定することがとても大事になってきます。

しかし、発達障害の子どもたちは、集団行動についていけない、友だちがつくれない、勉強がわからない、不安が大きい、ルールがわからない、衝動性から相手を傷つけてしまう、過剰適応による身体症状が引き起こされたり、その結果不登校になるなど、集団の中での自己肯定感を持ちにくく、自尊心が下がってしまうため、学校以外での安心できるコミュニティがとても重要になってきます。放課後等デイサービスでは、肯定的な温かい大人の眼差しや自分のことを理解し合える仲間の存在の中で自立へと向かえるよう、さまざまな活動を通して、自己肯定感、自尊心、社会スキル、基礎学力を身につけていく役割を担っています。

具体的にむぎのこの放課後等デイサービスの活動を見ていくことにしましょう。

放課後等デイサービスの一日の主な流れは、①あいさつ、②個別のスキル練習、③宿題や学習プリント、④ミーティング、⑤集団での社会スキルの練習、⑥おやつ、⑦設定活動、⑧個別のスペシャルタイム、⑨帰りの会という流れになっています。

最初は、学校でたくさんがんばって帰ってくる子どもたちを、温かく迎えるところから始まります。フロントで待つ先生が、「学校がんばったね」と握手をしたり、ハイタッチをして迎えます。安全基地に帰ってきた安心感から、子どもたちの顔の表情がほぐれていくのがわかります。

次に、②個別のスキル練習を一人ひとり子どもの状態に合わせて行っています。

先生：このあと宿題をするけど、わからない問題があったときは、近くにいる先生に助けを求めてね。そうしたら、すぐに問題が解決して楽しい時間が増えるかもしれないからね。じゃあ練習しよう！

子ども：先生！

先生：すごいね、すぐに先生って呼べたね！　上手に練習できたね。

このように助けを求める社会スキルの練習をシンプルに行っています。そして、実際にできたときはたくさんほめるようにします。すると子どもは、「助けを求めるといいことがある」と因果関係を理解できるようになっていきます。

次は、③宿題や学習プリントを行います。ここで重要なのは、がんばっている過程や少しでもできたことに対する子どもの努力を認めていくことです。家庭で宿題や学習を行うと、親と対立してしまうこともあると思います。親は、「どうしてできないの？」、「なんでわからないの？」とイライラしてしまい、親子関係が悪くなってしまうので、事業所で先生に見てもらったほうがいいですよとお母さんたちにも伝えて、事業所で学習を行っています。

そのあとは、生活の枠組みをつける目的として④ミーティングを行います。ミーティングでは、子どもたちの名前を呼び、今日の活動を伝え、「何を」、「どこまで」、「どのように」行うのかをホワイトボードに活動の流れを絵や文字で学年や発達に合わせて提示して、子どもが見通しを持って活動に参加できるようにしています。

ミーティングのあとは、むぎのこで取り組んでいるコモンセンスペアレンティング（以下ＣＳＰ）で大事にしている⑤集団での社会スキルを身につけるための練習をしています。

ＣＳＰには百八十二個の社会スキルがありますが、その中でも基本となる、「指示に従う」、「助けを求める」、「許可を得る」、「いいえを受け入れる」、「落ち着く」を主に練習しています。社会スキルは、家庭や学校、むぎのこなどの集団で、人とよい関係を築くことができるようになるために行っています。人とよい関係を築くことができると、社会の中で大切にされ、自己肯定感もアップし、信頼されてできることが増えたり、自分の感情をコントロールできるようになったり、問題を解決できるようになるなどのメリットがあります。また、社会スキルの中で大切なのは、「あいさつ」や「自己紹介」のスキルです。この社会スキルは、人とよい関係を築くうえでもっとも基本的なものです。特にあいさつは、人への敬意（リスペクト）を表すことができるスキルだと考えています。

社会スキルはすべてステップになっていて、あいさつは、相手を見る→感じのよい声で話す→「こんにちは」と言うと決まっています。このステップを職員が子どもたちにモデルを見せ、子どもたち同士や先生と一緒に楽しく練習をしています。練習も楽しみながら行うことで、子どもたちが自然とできるようになっていきます。

むぎのこでは毎日のようにお客さんや見学の方が来られるので、一期一会の精神で「むぎのこに来てよかった」と思ってもらえるように、またむぎのこは地域の中にあるので、いつもお世話になっている地域の方にも感謝の気持ちを込めてあいさつを大切にしています。社会スキルの練習が終わると、⑥おやつを食べてその日の活動に入っていきます。

⑦設定活動としては、公園でルールのある遊びをして体を動かす活動や、おひなさま、こいのぼりなどの制作、クッキング、室内での設定遊び、中学生は英会話なども行っています。どんな活動の中でも、ルールを守ることが意識できるように、活動に入る前に、子どもたちに予防的教育法を行い、練習をして活動に入っています。それにより、子どもたちができることが増えるので、職員はたくさん効果的にほめることを意識しています。また、問題行動になってしまったときは、落ち着いてからどんな行動だったらよかったかなと練習します。ほめると正すの割合は二〇対一なので、必然的に子どものよいところを見つけないと正すこともむずかしくなります。そのようなめりはりのある関わりが大事になります。

⑧個別のスペシャルタイムは、大人と一対一で話をする時間をつくり、集団の中では話せないことや家のこと、学校のこと、友だちとのこと、なんでもいいのですが、話をする時間を十五分程度に設定しています。自分の気持ちをうまく表現できない子どももいるので、無理に話をするのではなく、カラーセラピーを行うこともあります。子どもの内面が表面化してくるきっかけにもなり、問題が解決しやすくなったと感じます。

⑨帰りの会では、絵本や児童書を読んだり、簡単な設定を行っています。帰りの会の絵本は、子どもの発達別にグループ分けをして、子どもたちが楽しめるように工夫をしたり、絵本を見て自分の感じたことや先生とのやりとりを楽しめるように意識して取り組んでいます。小学生になっても、絵本が好きな子どもたちが多いので、子どもたちの発達や学年に合わせて読み聞かせています。

帰りの会が終わってから、わくわく連絡帳というノートを使って、「わくわくタイム」を設けています。わくわく連絡帳とは、子どもたちが一日の流れに沿って行動できたり、一人ひとり個別支援計画に基づいて決めている、そのターゲットスキルを意識して取り組むことができたときに、大人が子どもたちを効果的なほめ方でしっかりほめて記録するノートです。

一見、子どもたちのスタンプ帳のように見えるかもしれませんが、つくった目的は、子どもたちに適応行動をさせるためのノートではなく、大人が子どもたちの適応行動に着目し、効果的なほめ方のステップを使ってほめることができるようになるためです。隣のページは、家庭でお母さんたちが子どもたちの適応行動に着目してほめたことを書く欄になっています。そして、事業所と家庭でそれぞれ「わくわくタイム」を設けて、今日一日がんばったことをほめる時間をつくっています。事業所でほめてもらったことを家庭でもお母さんにほめてほしいですし、家庭でほめてもらったことを事業所でもほめていきたいし、どんなことでほめられたのか、家庭でお母さんたちが子どものどんな行動に困っているのか知ることができます。連絡帳のおかげで家庭との連携もしやすくなったのではないかと感じます。

これらを構造的に毎日繰り返し行うことが、子どもたちの安心・安全につながるのだと感じています。

重要なのは、できるできないではなく、一人ひとりの発達や期待値を大人が理解して、子どもたちが自分で、「できた！」、「楽しい！」、「やってみよう！」と思える自己肯定感を持てるように支援していくことです。しかし教育現場では、できる子はいいのですが、できない子はまわりとの差を感じ、周囲からもできない子として見られてしまうことがあるので、精神的に落ち込み、どんどん自己肯定感が低くなってしまいます。それが不登校につながったり、逆に過剰適応してしまうなど、悪循環になってしまうことがあります。子どもたちがそうならないように学校支援に入り、子どもたちの苦手な部分をサポートして子どもたちがうまく実行できるように、私たちが学びのユニバーサルデザイン（ＵＤＬ）教育で学んだ「外付け前頭葉」になり、考え方を教えたり、本人に合った視点や工夫を教えています。能力があっても自信がなくうまく発揮できない子もいるので、常に、「いいよ」、「大丈夫だよ」、「合ってるよ」と本人が少しでも安心できたり、これでいいんだと思える声がけも意識しています。

発表会や運動会などの学校行事にしても、自分の能力を発揮できないまま終わってしまったり、本当はやりたい役があったけれどさせてもらえなかったなど、ネガティブな気持ちになりやすい場合があります。また、保護者に見せるためにがんばらないといけないと、がんばりすぎてしまって、だんだんつらくなってしまうこともあります。上手にできることが求められてしまうと、子どもたちにとって負担になってしまっています。むぎのこの行事は、誰かのために行うものでも、上手にできないといけない特別なものでもなく、自分が自分らしく輝けることを大事にしています。一人じゃできないし、やりたくないことも仲間とならやってみようかなと思えたり、発表会も台本に合わせるのではなく、子どものできることに合わせた役やセリフを考え、その子らしさが出るように工夫し、子どもが、「できた！」、「やってよかった！」と思えるよう、特別なことではなく、日々の療育と同じように、暮らしの一部として支援しています。

日々の暮らしの中で、自分は自分でいいんだと思える瞬間が多くあるように、仲間と励まし合ったり、時には言いたいことを言って、葛藤しながら自他を認めて受け入れられるようになり、人との関係性の中で孤立ではなく自立していける道筋を放課後等デイサービスでつけていけるように、私たち職員も子どもたちや親から学び、共に歩む存在であることを忘れずに支援していきたいです。

学齢期の成長

学校が終わると、送迎や友だち同士で放課後等デイサービスのクラスに帰ってきます。宿題を友だちと一緒に取り組んだり、大人に助けを求めながらがんばって自分の宿題や学習に取り組んでいます。時には答えを教え合ったりしながら協力する姿が見られています。

学齢期を迎えると、むぎのこを卒園した子以外の友だちも増えていき、今までと違った世界や関わりが増えてきます。

幼児期にたくさんの大人に支えられ、たくさんほめられた経験から自己肯定感を身につけ、それを土台にして小学校に入ります。小学校では、今までとは違う集団での活動となっていき、自分と他者との違いや、親や学校からの期待値に苦しむ子どもも多いです。「できる」ことを求められ、「できない」と「できない自分はダメな自分」と感じてしまい、人との関わりが嫌になってしまったり、つらくなってしまったりすることも多くなっていきます。

子どもには楽しいときでもつらいときでも、自分らしく肯定される場所がとても大切になります。

幼児期からむぎのこで療育を受け、大人との信頼関係ができている子どもは、自分らしく表現し肯定される経験をしており、人との関係が支えられながらも強くなり、子ども同士が共に成長していっています。放課後等デイサービスでもクラスの先生や仲間たちに自分の存在が大切にされていくことで、自分自身の存在を肯定できる場となっています。

学校にいる間は周囲に合わせてしまい、過度に適応しようとして疲れていき、自分の本当の気持ちを言うことや表現することができないことで窮屈に感じてしまい、学校が嫌になってしまう子どももとても多いようです。

学校から帰ってくると、自分の気持ちを話せる子どもは会話をしていくうちに落ち着くことができるのですが、自分の気持ちを話せない子は次の日の学校が不安になってくると、気持ちのつらさから落ち着かなくなることがあり、暴力的になったり、ふさぎ込む子どももいます。そんなときに職員や大人がゆっくり関わっていき安心感を取り戻すことができると、少しずつ自分の気持ちを話せるようになっていきます。そうして共感してもらい受け止められる中で大人との信頼関係を築き、人との関わりに安心感を得ることができるようになっていきます。

子どもたちが人への安心感を持つことができると、周囲との関わりを求めるようになってきたり、友だちとの関わりも深まっていきます。その中で自己主張のぶつかり合いや意見の違いによる衝突が見られることも増えていきます。その衝突や葛藤が起きたときに、放課後等デイサービスの職員が間に入り、お互いの気持ちや主張を整理していきながら人との関わりや社会スキルを身につけていきます。職員は衝突や葛藤はネガティブなことではなく、人との関わりに必要な成長過程だと思って日々関わっています。

友だち同士仲のいい場面だけでなく、トラブルになることも少なくありません。子どもから話を聞き、一見するとちょっかいや言いがかりからクラスの中でトラブルになることが多々ありますが、それを単純に問題行動としてとらえるのではなく、相手へのうらやましさや偏《かたよ》った気持ちの表現をすることからトラブルになっていることもあるので、どのような場面でも職員同士声をかけながら、いろいろな気持ちを言葉にし、代弁していきながら相手を否定せずに表現できることがすばらしいことだということをていねいに伝え、自己否定とならないように職員全体で応援しながら関わっています。

小学校高学年になってくると、自分と同じ苦しさを抱えた仲間同士で話をすることで、自分の気持ちを話したり、一緒に共感されることで困難な場面を一緒に乗り越えていくというように仲間の力が大きくなっていきます。むぎのこでも親への不満や学校の先生への不満を自分で抱え込むのではなく、大人や子ども同士で話し合いながら、自分の気持ちを整理したり、共感されることで自分の言葉に自信を持って肯定していく子どももいます。実際むぎのこでも学校への思いはとても多く語られています。

「自分が怒られたり、注意されたわけではないが、その様子を見ていると疲れてくる」、「自分のことがどう見られているのか気になって関わることが怖いときがある」など、語られる内容はさまざまですが、話し終わるとすっきりした表情で明るい雰囲気になり、悩んでいることが自分だけではないことや、同じ苦しみがあったけど、みんなで一緒の話ができたことで支え合う関係ができたりして、助け合う関係につながっています。最初は話すことに抵抗がある子どもたちも、他の人の話を聞いていくことで自分の気持ちを話すことができてきています。楽しいばかりの時間ではなく、泣いたり怒ったりすることもたくさんありますが、子どもにも大人にとっても人との関わりを大切に過ごす時間になるように目指しています。

子どもだけでなく親との関わりもとても大切にしており、親側の子どもや学校への思いや考えなども、月に一度のグループカウンセリングで話していくことで、周囲の親が語っていることを聞いたり、自分の家庭での困り感を話す場があることで、自分だけで考えるのではなくて親同士の助け合いにもつながってきています。同じ境遇の親同士が仲良くなり、本音で語ることができてくると、親もすっきりして子どもと前向きに関わることができるようになるため、子どもも親も一緒に乗り越えていくことを大切にしています。

学齢期は子どもにとっても親にとっても大変な時期ですが、地域の中で助け合いながら、コミュニティを大切にみんなで子育てをしています。

三　不登校の子どもたち

むぎのこには、障害があり普通学級で行事や体育・音楽などのときに母子で登校する子どもたちと、「学校に行けない」、「行きたくない」とお母さんもしくはむぎのこ職員に言い、朝からむぎのこの放課後等デイサービスに通っている子どもたちがいます。後者の子どもたちの中でも登校の状態は一人ひとり違います。入学以来学校に行っていない子、大きな行事があるときだけ行く子、時間割を見てこの授業だったら行けそうと選びながら行く子（もちろん、行くと決めていても当日になって、「今日はやっぱり無理だ」ということもあります）、毎日登校するものの一週間や一カ月に一日、パワー充電といって学校を休む子といったように、ひと口に不登校と言っても、子どもが十人いたら十通りの不登校のパターンと不登校になっている子どもたちのそれぞれの思いがあります。むぎのこでの不登校支援は子どもの思いに耳を傾け寄り添い、「あなたは、とても大切な存在だよ」というところを土台とし、一人ひとりに合わせた支援を大切にしています。

不登校の子どもたちは、最初は他の友だちと自分を比べ、「自分はダメな人間なのかも」、「みんなは（学校に）行けてる。行かなきゃ」、「みんなができることができない」と思い、自分を責め苦しんでいることが多いです。「人と比べなくていいんだ。自分は自分のままでいいんだ」と自己肯定感を高めていけるように、毎日子どもたちと共に生きるようにしています。

その一つとして、教えるだけの存在ではなく、「私たち、先生たち、大人だって完璧じゃないよ」ということを子どもたちの前で自分の小中学校時代の失敗談を前向きに楽しく話すことや、大人でも失敗することがたくさんあるという話をしたり、また子どもたちの前で失敗をしたときも、「ごめんね。もう一回チャンスちょうだい」と謝り、その姿を見せることで、「ほら、失敗しても大丈夫。誰にも責められないし、もう一回やれるよ」というメッセージを実際の場面を通して伝えることも意識しています。子どもたちは、そんな大人の人間臭い生の姿を見て、ほっと安心した表情になります。むぎのこには、実際小中学校時代に不登校だった職員や不登校気味だった職員もいます。そんなときは不登校の経験のある職員が力を発揮し、子どもたちやお母さんたちに自分の不登校時代のことをオープンに話しています。職員の不登校時代の話を聞くことで、「学校に行けないけど、自分が悪い子どもじゃない。大丈夫なんだ」という肯定感につながり、また将来への希望を暗く感じている子どもたちや家族にはとても励みとなっています。

不登校の子どもの学習支援では、一斉授業ではなく一人ひとりに合わせた学習を取り入れています。学校の授業のスピードや取り組みについて行けなかった経験から学習自体に自信や意欲がなくなり、学習と聞くだけでしんどくなる子どももいます。そのような子どもたちは、本来の実力が成績（点数）にはつながらず勉強が苦手な子ととらえられがちですが、一人ひとりに合わせた学習のしかたを工夫していくことで、「自分の得意な学び方でいいんだ」、「人と比べなくていいんだ」と思えるようになって、少しずつ学習に対しての苦手意識が減っていきます。制作活動の際、失敗しないか、人と違っていいのか、不安になる子どもたちがいます。学習も同じですが、私たちは「自分の感じたままでいいんだよ」、「みんなの感性はとてもすばらしいよ」、「つくりたいようにつくっていいんだよ」という声がけを大切にしています。きれいにつくったり上手につくることを求めるのではなく、子どもたちが楽しくのびのび自分の感性のままにつくることが大事だと考えています。このことは学習にもつながっていくと思います。すなわち、「覚えられる方法で覚えればいい」、「学びたい方法で学べばいい」のです。学びのユニバーサルデザインに「子どもたちが学びのエキスパート」（ホール他、二〇一八）とあります。勉強ができればいい、成績がよければいいということだけに焦点を当てていくと、子どもたちは苦しくなり、自己肯定感が低くなっていってしまいます。学ぶ過程を楽しく、そして、「わからない」から「わかったぞ」と思えることを大切にしていくことを忘れてはいけないないと思っています。

不登校の子どもたちの中には、学校に行かなくなり、「外で学校の友だちと会って声をかけられたらどうしよう」、「さぼっていると思われたらどうしよう」など、いろいろな不安が重なり外にも出ることが怖くなり家に引きこもることもあります。お母さんやお父さんは、このまずっと家にいるわけにはいかないと考え相談にみえられます。ついつい不登校の子をなんとかしなくてはと思ってしまいがちですが、むぎのこでは、本人を含めた家族の困り感に寄り添うことから家族支援がスタートします。家から出られない子がいたら家庭訪問し、家で一緒に遊び気持ちに寄り添い共感します。苦しみ、困っている子どもとの信頼関係を築いていくことが支援の要となっていくと考えています。

同時に、お母さんやお父さんの気持ちにも寄り添います。「なんで学校に行かないんだ」、

「行くのがふつう」と親ならば当たり前のように思い、親だからこそ心配します。その気持ちを子どもに直接言うのではなく、私たち職員やグループカウンセリングでお母さん仲間に言うことで、子どもたちの苦しさ、そしてお母さんやお父さんたちの悩みを軽くしたいと考えています。

家から出られるようになり、まずは職員と公園で思い切り遊ぶことを繰り返し、むぎのこのクラスに入ることができ、そこから職員のサポートで友だちと関わる中で、少しずつ「自分らしくしていていいんだ」、「言いたいことを言ってもいいんだ」、「思ったことを言ってもバカにされない」と思えることが増え、自分らしく生活できてくると、パワーがたまって自分から「学校に行ってみようかな」と思うようになって学校に行くことがあります。最初はむぎのこのクラス職員が一緒に学校に行き、学校の先生と連携したり、友だちが迎えに来て行くようになったりと、子どもによってさまざまな過程がありますが、自己肯定感がアップしてくると、学校に行っても行かなくても楽しく生活をしていけるようになります。

このように不登校支援にも家族支援が大切だと思います。むぎのこでは、不登校の子どもを中心にその家族に合わせ、ショートステイの利用、ヘルパーの利用、カウンセリング、パパミーティング、自助グループ、グループカウンセリング、お母さんたちの勉強会、お母さんとお父さんへのコモンセンスペアレンティングのペアレントトレーニング、そして困ったときにはすぐに連絡してくださいねと伝え、家庭訪問で対応をするなどの支援をしています。不登校支援は、子どもと家族に寄り添った支援をしていくことで、家族だけではなく、たくさんの仲間との関わりや支え合いの中で、明るく、楽しく、時には泣いたり、落ち込んだり、怒ったりしながら、共に生きていくことが大切なのだと思います。

【引用・参考文献】

トレーシー・Ｅ・ホール、アン・マイヤー、デイビッド・Ｈ・ローズ編著（二〇一八）『ＵＤＬ学びのユニバーサルデザイン』東洋館出版

column
コラム❶

ショートステイの支援

谷角美樹

社会人として初めて働いたのは、むぎのこのショートステイホームピースで、現在は六年目になります。

発達障害や知的障害のことは学校の授業や本を読んで知ってはいましたが、実際に関わることは初めてで、何を訴えているのか、どうして欲しかったのかを理解することがむずかしかったです。子どもたちと遊んだり、お話したりして一緒に過ごすことで、好きなことや得意なことがわかり、一人ひとりの個性を見つけ関わることで少しずつコミュニケーションをとることができるようになってきました。

幼児のときは言葉があまりなかった子も、小学生になった今ではたくさんお話してくれたり、私の名前を呼んでくれるようになったりと、子どもたちの成長を感じることができています。

言葉ではコミュニケーションがとれない子もジェスチャーをしたり、手を引っ張ってしたいことを教えてくれたりして、その要求に答えることで、子どもたちの笑顔を見ることができています。

ショートステイ（以下、ショート）は家庭

で過ごすことが困難な子どもが利用して、生活リズムを整えたり、親が休息をとることができたりして、家庭に戻ったときに親子関係が少しでもよいものになっている、その手助けが少しでもできていると感じるとやりがいがあります。

幼児期に家庭では育児が大変になった子どもが、ショートに連泊することで、時間はかかりましたが、徐々に落ち着き、今では家に帰る日も増えていて、子どもも家に帰れる日を楽しみに笑顔も増えていると感じます。

異年齢の子どもたちが生活を共にすることで、年上の子は年下の子にやさしく声をかけてくれて、一緒に遊んだりして面倒を見てくれたりしている、そんなすてきな光景を見るとうれしい気持ちになります。

コモンセンスペアレンティング（CSP）を学んで、肯定的に関わり、できていることをほめることで、問題行動で気を引こうとすることが減ってきた子の適応行動をほめると、他の子どもたちも真似をして行動したり、「できるよ、見て」と子どもたちからの適応行動が増えていいコミュニケーションをとることができ、子どもたちも落ち着いて過ごすことができています。

幼児期の子どもたちには、SCALE（Support, Care, Attachment, Love, Encourage：育みの行動）を大切にしながらも、学齢期、思春期になると子どもたちのショートの利用が増えてきていて、むずかしいと感じることが多々ありますが、先生方と連携してCSPを実践しながら支援しています。また、子ども一人ひとりの特性を知り、それぞれに合った支援を行い、今日はうまくいったが、次の日もうまくいくという保証はないので、その日その日で臨機応変に対応できるように、職員同士のコミュニケーションも大切にしています。

これからも子どもが安全で、安心して生活できる環境をつくり、親も安心してショートに預けることができると思ってもらえるような支援を行っていきたいと思います。

第五章　思春期から大人へ――移行期のむぎのこの子どもたち

第二章で冬休みに合宿をして勉強するエピソードを紹介しましたが、二〇一三（平成二十五年）年四月にむぎのこから車で一時間（三十五キロ）ほど離れた石狩郡当別町にある廃校となった旧中小屋小学校校舎（以下、中小屋小学校）を無償で借りることができ、自然も豊かで勉強や運動など宿泊体験学習に最適の合宿所になりました（近所に温泉もある！）。

ここではそのスタート期、手づくりの活動から高校時代の子どもたちの様子をお母さん（現むぎのこの職員）の佐々木由紀子さんに紹介してもらいます。

中小屋小学校での活動

子どもが中学二年生になり、むぎのこの新ビル（151頁、写真5-4）での勉強活動が始まり、少しずつ勉強習慣が身についてきたころ、当時廃校となっていた中小屋小学校をお借りして活動できるようになりました。ここで子どもたちは、勉強活動・生活スキルを身につける活動をたくさんするようになり、そして成長していきました。今では子どもと大人が一体と

写真 5-1　中小屋小学校

なって行うむぎのこ村の運動会もするなど、むぎのこの重要な活動拠点になっています。

そのスタートはまず学校を整備することからでした。子どもたちは、学校を囲む柵のペンキ塗り、冬囲い、グランドの草刈り、花壇づくり、畑づくり、裏山の散歩道をつくりました。週末活動で、子どもたちは親やフリースクールのお父さんたちと一緒に一つずつ作業していきました。

散歩道をつくるときは、最初に自分の膝から背丈ほどもある草を鎌で刈っては進み刈っては進みしました。大人でもいつ終わるかしれない作業でしたが、今までの草刈り活動の積み重ねで子どもたちはやり抜きました。

泥どろになってあたりが暗くなるまで作業した子どもたちですが、終わったあとの達成感に満ちた表情がすばらしかったのを今でも覚えています。のちに子どもたちは裏山に散歩に行くとき、「ここ大変だったよね。道がないのにつくったんだよね」と懐かしく思い出していま

写真 5-2　みんなで柵づくり（右）とペンキ塗り（左）

す。そして卒業した今でもむぎのこカーペンター（環境整備）では、ウッドデッキ塗りや花壇づくりなど、毎年さまざまな作業をして校舎や施設をきれいに整備しています。

週末活動は、昼は草刈り・畑づくりなどの作業をして、その後、勉強・夕食・近所の温泉で入浴をして宿泊するようになりました。中小屋小学校ではテレビがない生活で、もちろんゲームも禁止です。合宿を初めて体験する子は、「何もないの」と、やはり最初は不満な様子でした。しかししばらくすると、子どもたちは自然に輪になっておしゃべりをしたり、外で花火をしたり、体育館で運動をしたり、校舎全部を使ってかくれんぼをしたり、自分たちで遊びや過ごし方を考えて、本当に子どもらしく過ごし始めました。その姿を見て、中小屋の自然に囲まれた生活が子どもたちを癒して、本来の元気な姿を取り戻させてくれていると実感しました。むぎのこのパワースポットです。

私は合宿では勉強と作業担当で、子どもたちと一緒に中小屋小学校に宿泊していました。不登校や学校の勉強がむずかしい、人間関係がつらいなど、学校では自信がない子たちでしたが、中小

写真 5-3　合宿での勉強タイム

屋小学校では表情が明るくなり、自分ができることを懸命にして元気に過ごしていました。学校のように勉強だけではなく、生活スキルを身につけるための合宿でもあったので、勉強が得意な子は他の子に勉強を教え、雪かきが得意な子は除雪のリーダーになり、掃除が得意な子は掃除のしかたを苦手な子に教え、それぞれの得意分野で支え合い協力し合う協働合宿でした。一人ひとりに得意なことやよさがあり、みんながすばらしいということが、中小屋小学校の生活でよくわかり、子どもたちは肯定感や自信をつけていったと思います。

子どもたちの成長

中小屋合宿の初期、子どもたちは勉強と労働作業が主な活動で、食事は親が当番で夕食と朝食をつくっていました。宿泊して勉強や作業をするのに慣れてきたころ、子どもたちは、「自分たちの食事を自分たちの手でつくろう」と夕食づくりを始めました。最初は、むぎのこの

写真5-4　広いグラウンドで野球大会と体育館

親で栄養士の東さんを中心に、スパゲッティ、カレーライス、ハンバーグなどを教えてもらいながら一緒につくりました。その後は、「食事づくりの基本を覚えよう」と、栄養士の谷間さんに料理を教わりました。一時期、塩野先生という一本筋の通った「おばあちゃん先生」からビシッとした指導もしていただきました（第三章参照）。

子どもたちは中学二年から三年生にかけて、料理や勉強、草刈りなどの作業で、ほぼ毎週中小屋小学校に宿泊し活動を続けました。ピザ窯ができたときは屋外でピザづくりをしました。小学生も交えての手打ちうどんづくり、理科の実験、野球大会、体育館でよさこいソーラン踊り、むぎのこ村の運動会、トラウマワーク、ＣＳＰ（コモンセンスペアレンティング）の研修など、さまざまな活動をしました。

最初こそ、食事や掃除を大人がしていましたが、徐々に自分たちでできるようなり、ついには、受験勉強合宿で中小屋小学校に一週間（！）宿泊しました。自分たちで、「いつ洗濯する」、「掃除の場所と順番はどうする」など相談して決めるようになり、計

写真 5-5　新しくなったむぎのこビル

画して生活もできるようになりました。自然の豊かな場所で自立した生活をして子どもたちは元気になり、まっすぐに成長していきました。

みんなで高校へ行こう

週末の中小屋小学校の活動と、新しいむぎのこビルの勉強活動で自信を回復し、元気になってきた子どもたちでした。その中で不登校の子どもたちは、「中学校に行って高校に進学しよう」を目標に、中学三年からまた通学するようになりました。今まで出せなかった勇気を持って、本当にがんばって学校に通い続けました。もと もと通学している子どもも、仲間が通学するのが本当にうれしくクラスで待っていました。お互いに相手の存在を支え合いながら、中学校に行くことができました。そして全員の子どもが希望する高校に進学したのでした。その中には、前年に希望の高校に行けず留年した子ども、中学校はほとんど不登校の子ども、そして私の息子のように学校が嫌いでやっとの思いで通学していた子どももいました。

みんなが合格して高校に行けることは、仲間同士の絆、励まし合いがなくてはけっしてできなかったと思います。子どもたちの成績はさまざまでしたが、高校選びは、学業成績だけでなく、仲間と一緒に通うこと、将来を考えてどう生きていきたいかをお互いに話し合い、親子で共によく考え、最後は子どもたちが自分で決めました。私の息子も、むぎのこの友だち八人が希望する北星余市高校（北星学園余市高等学校）を選び仲間と一緒に通う選択をして、高校生活を本当に豊かに過ごせたと思います。子どもたちとの絆を深め、学習の基礎づくりを中小屋小学校での活動や毎日のむぎのこビルの勉強活動でしてきたことが実った高校進学でした。活動を見守って、子どもたちが困らないように勉強などを教えてくださった北川園長、むぎのこの先生がいて、私たち親も子どものためにがんばれたと思います。

仲間との豊かな活動――絆を深める子どもたち

子どもが高校に入学する年（二〇一五年）に、放課後デイサービスブラックベリーができました。夕方十八時から二十時のデイサービスで、主に学習活動をしています。そのため、高校からは、親たちでしていた勉強活動はなくなり、ブラックベリーで学習活動をすることになりました。私はブラックベリー勤務となり、職員として学習活動を担当することになりました。高校生になった息子たちの学年と中学生の勉強活動がスタートしました。

高校に入学してからの勉強の方法は、宿題のない北星余市高校の子どもが多かったので、主に『ＮＨＫ基礎英語』、『同続基礎英語』、本人にあったプリント（英語・数学・国語）、漢字検定、英語検定の教材で勉強をしました。宿題がないということで、「勉強しなくていいのではないか」と気持ちが緩んでしまいがちな子どもたちに、「三年後に進学や就職があるのだからがんばろう」と目標を定めて声かけをしながら学習していきました。他の高校に進学した子どもは、学校の課題が終わるように学習をしていきました。

高校生になっても、学校の人間関係がむずかしい、テストがむずかしいという悩みが続いている子が多くいました。なかでも深刻だったのは、高校でいじめにあって学校に行けなくなった子、高校に適応するのがむずかしく行けなくなった子の二人でした。二人ともむぎのこの出身で、一人は本州の高校にいて、もう一人はしばらく仲間から離れていた子どもで、二人ともブラックベリーに通所していませんでした。子どもが元気に高校に行くためには仲間の力が頼りです。それでいじめにあっていた子と本州の高校にいた子は、仲間がたくさんいる北星余市高校に転校し、幼なじみと一緒に通学し、ブラックベリーにも通うことになりました。もう一人の子どももブラックベリーに通い、仲間づくりをすることになりました。

最初は友だちから離れて過ごしていましたが、幼いころから活動を共にしてきた仲間なので徐々に友だちの輪に入り、すっかり元気を取り戻していきました。思春期は、もう親とではなく友だちとつながり、自立に向かっていく時代なので、親子だけでは子どもは弱くなるということをしばらく離れていた子どもたちの様子から学びました。

高校時代は、秋田旅行（わらび座で演劇鑑賞・稲作体験・よさこいでソーランを踊る）、山梨県での酪農体験研修、八雲キャンプ（環境整備など）・八雲勉強合宿（コモンセンスペアレンティング研修）、クッキング・アイロンがけ（自立に向けて）、北九州スタディツアー（抱僕館《ほうぼくかん》訪問・ホームレス支援の炊き出し、70頁写真3-7）など、やはりさまざまな活動を通して、外の世界を学び、そして仲間との絆を深めていきました。

仲間との豊かな活動があって、高校に通学するのがつらい子も、活動で元気を取り戻して通学を続けていました。子どもたちは、合宿などを通して協力し合うことを学んでいたので、友だちが通うのがつらいときは、一緒に寄り添うことが自然にできました。この姿を見て、「何よりも大切なのは思いやりややさしい心」と言っていた北川園長の言葉どおりに子どもたちが成長してきたのだなと思いました。やさしい心があれば、いつでも人を助け、そして助けてもらい生きることができるので、それは本当に宝物だと思いました。

将来に向けてそれぞれの選択

大学進学は学校の指定校推薦で進学した子がほとんどでしたが、センター試験をがんばった子も一人だけいました。大学・専門学校選びは、本州に行くか地元の北海道か、また、一人で行くか、友だちと一緒の学校を選ぶか、看護・簿記など専門の道に進むか、就労移行支援に進むか、多くの選択肢がありました。何度も話し合いを重ねて進路を決めました。私の息子を含めて自分一人で進路を決めた子が多く、親としては心配でしたが、仲間がいつでもここで待っているという安心感から選んだのだと思いました。また、生活スキルを身につける活動も十分にしてきたので、本州に行って一人暮らしをする子も、不安なく選べたのだと思います。

現在、私の息子は大学不登校。他にも不登校の子がいて、なかなか思うようにはいかないのですが、仲間との絆できっとよい方向に進むと信じて、試行錯誤しながら生活しています。

子どもの成長
むぎのこで育んだ絆

尾崎尚美

中学校入学式。みんなと出席できてとてもうれしそうに式を終え玄関を出たとき、「上履きまで一緒なんだ。母さん卒業式までこの制服着ないわ」とひとこと言ったきり不登校。そんな息子が中学三年の始業式から卒業式まで、毎日朝の一時間登校を始めたのは、「仲間と一緒に高校に行きたい」と決めたからだ。

小学校五年のとき自分で初めて進路を意識し、学校のプリントに「北星余市高校」と書いた。二歳からずっと一緒にむぎのこで育ち、小学生からの活動でもいつも一緒に過ごしたほとんどの仲間が、北星余市高校に行くので決めていたようだ。しかもむぎのこの先輩が通っていたので、高校は希望すればみんな当たり前に行けると思っていたようだ。

でも、朝早く起きて一日教室のいすに座って授業を受ける習慣がなかったので心配したが、「一年間やってみたらいいよ」と北川園長のアドバイスを受けて登校することになった。

毎朝、「今日元気に歩いていたよ」、「緊張した顔していたよ」と登校途中の息子を見かけたむぎのこの先生や仲間のお母さんが応援をしてくれた。時間がぎりぎりになり走って出ると、声をかけてくれて車に乗せてもらったりもして、とてもありがたかった。そうやってみんなに助けてもらいながら息子は高校に行くための自信をつけていった。北星余市高校の面接の日も、日程を仲間と合わせ五組の親子で受けとても心強かった。

無事に四月を迎え、晴れて高校生になったが、息子の毎日は不安だらけだったと思うが、通い続けることができたのも、やっぱり仲間がいたからだ。担任の先生からは、「最初の一カ月は前しか見ていなくて、お弁当も席に座って食べ、ずっと動かない。でもきっと早いうちに慣れていきますよ」と励まされたが、私はとにかく毎朝見送ることしかできなかった。それでも地下鉄の駅まで行けばむぎのこの仲間がいて、ほっとして一時間半の長い道のりを通うことができた。

高校の三年間で何よりも大変だったのはやはりテスト。小学校、中学校とは違い、もちろん合格点に達しないと終わらない。学年も上がれない。最初はあまり理解できておらず、テスト勉強といっても何をしていいのかまったくわからず、むぎのこビルの勉強でファイルを写させてもらい、一生懸命勉強していたが、ほとんどの教科が追試だった。

初めての追試の前に、「友だちが順番についてきてくれるからがんばる」と息子から聞いたとき、意味がわからなかった。幼なじみの友だちは、自分たちは長期休みになるのに、日を決めて交代で毎日学校についてきてくれるとのことだった。「タッちゃん、一人で学校に行くのは不安そうじゃない」と、子どもたちで考え、当番で応援してくれることになったそうだ。私はありがたい気持ちと、そこまでしなくても、という気持ちがあった。でも息子ははっきりと、「一人は不安だからありがたい」とうれしそうに言ったのを聞いて、むぎのこで育ち、みんなの中で暮らしてきたからこそ、困っている自分もそのままに受け入れ、仲間の助けを素直に感謝してがんばってきたのだと思った。この追試の付き添いは高校三年の前半まで続いた。本当に感謝です。

そして、他にも大変だったのが朝。最初は気が張っていたことと自分の希望でもあり、順調に通学していたが、高校一年の二学期からは行きしぶりが始まり、起きていても起きあがらない、着替えても出ない。最初は励まして声をかけていたが、毎日続くと私は朝がくるのが憂鬱でイライラし、嫌な空気を出してしまう。息子はその空気を感じ、どんどん動けなくなるの繰り返しだった。「今日もまだ出られていません」と六時半からＬＩＮＥをし、朝の七時からむぎのこの先生に家に来てもらい声をかけてもらう。寝ている横にそっと座り、やさしく「行きたくないの」と聞いてくれるとしばらくして着替えをし、車に乗って学校に向かう。そんなふうに毎日助けてもらって、またみんなと電車で行ける日が少しずつ増えていった。とにかく息子は、「仲間と同じ学年でいたい。一緒に卒業したい」、この思いで苦難を乗り越えていったと思う。

息子が小学生のとき、高校という将来の話を数名の親と話したことがあった。そのときに、心の中で「行けるわけがないでしょ」と思った私を北川園長は見逃さず、「もっとタツヤ君の可能性を信じてあげたら」と言われたことが忘れられない。私は、自分では何も応援しないで、「できるわけがない」とあきらめていたんだと思う。

そして息子は、無事みんなと一緒に卒業式を迎えることができた。

これだけの支援を受けて息子に「やりたいことができた」という実感と自信を持たせてもらったことが、この先、生きていくときの大きな支えになっていくと思っている。

むぎのこと支えてくれた仲間に本当に感謝します。

第六章　高校での成長――大人へのスタートライン

これまでむぎのこの発達支援、学習支援を紹介してきましたが、ここでは中学校を卒業したむぎのこの子どもたちの高校進学と高校での成長について、実際に高校教育の現場で見守り続けてきた児童精神科医の小野善郎先生に論じていただきます。

一　発達に応じた育ちの場

中学校から高校にかけては、ちょうど思春期に相当し、発達的にも課題の多い時期になります。この時期に子どもたちは対人関係や行動範囲が広がり、依存的な子どもから自立した大人に向かって成長を続けていきます。ほとんどの子どもたちが高校に進学するようになった現在では、高校は思春期の育ちの場になっており、どの高校に進学してどんな高校生活を送るのかは、子どもたちの発達を支えるうえでもとても重要になっています。ただし、中学校から高校へは自動的に接続しておらず、自分で進学先を決めなければならないところにむずかしさがあります。

中学校で不登校を経験したり、支援学級に在籍していたりしていた子どもたちの場合は、ふつうの高校だけでなく特別支援学校への進学も選択肢に入ってくるので、進路はさらに複雑になります。高校には入試があるのがプレッシャーになる一方で、特別支援学校では物足らない思いもあり、ますます悩みが深まります。それでも、こればかりは人任せにはできないので、自分で決めなければなりません。

そして、むぎのこの子どもたちが選んだのは、札幌から五十キロも離れた余市町にある北星学園余市高等学校（以下、北星余市）でした。それは大人たちには意外な選択であったばかりか、それまでは地域の学校と密接な連携をしてきたむぎのこの支援が届かなくなるので、心配なことばかりだったに違いありません。それでも、これまでに多くの子どもたちが片道二時間以上かかる通学を続けている事実からは、子どもたちの高校生活への期待と意欲が伝わってきます。

親の目の届かない遠方の高校での生活は、親への依存を離れて自分の足で歩きだす自立の始まりであり、そこでの新たな出会いと経験から多くのことを学び、自分の世界を広げていくことは、思春期の発達課題そのものです。その意味では、北星余市への進学は、むしろ発達に応じた自然な選択といえるかもしれません。北星余市での高校生活は、自己決定と主体性を尊重した思春期の育ちの場として、とても重要な役割を果たしてくれています。

二　なぜ北星余市なのか

むぎのこの子どもたちの高校進学の希望は、「ふつうの高校」に行きたいというものでした。ただし、ここでの「ふつうの高校」は「特別支援学校ではない」という意味で、つまりは一般の高校に進学したいというものでした。それはごくふつうの高校生活を送りたいという彼らの純粋な思いであることは間違いありません。

しかし、「ふつうの高校」は二百万都市の札幌市にはいくらでもあるのに、よりによって超遠距離通学をしなければならない北星余市を選んだのは、この学校がそんなに魅力的だったからなのでしょうか。たしかに北星余市は全日制普通科の高校なので、まさに「ふつうの高校」ですが、世間一般からはよくも悪くも「ふつう」とは違うことで注目されているのが事実です。

一九六五（昭和四十）年に開校した北星余市は、地元の中学卒業者数の減少によって存続が危ぶまれるようになった一九八八（昭和六十三）年に全国から転退学者を受け入れ始め、「ヤンキー」の集まる高校としてマスコミで紹介されて一躍有名になりました。最近ではヤンキーは少なくなったものの、不登校や発達障害など、「ふつうの高校」にはうまく適応できない生徒が全国から入学しており、むしろ「ふつうの高校」とは違うものがあることが、北星余市の最大の売りといえます。

しかし、むぎのこの子どもたちが北星余市を選んだのは、「ふつうの高校」ではうまくいかなかった生徒たちを受け入れるユニークな高校としてではなく、それどころか北星余市をあまりよくは思わないのに通っている生徒も少なくありません。彼らの口からは、「自由過ぎてルールが身につかない」、「怖い人もいて空気が重い」、「寮の子とは話題が合わない」など、いろんな不満が出てきます。だから、自分たちが選んで入学した高校であっても、高校生活への期待を膨らませるというより、かなりクールに高校生活を送っているようにも見えます。

北星余市がむぎのこの子どもたちにとって「ふつうの高校」になったのは、特別支援学校ではない全日制高校で、彼らの学力で入学できる高校は札幌市にはなく、なんとか通えるギリギリのところに北星余市があったということでした。都市部の競争的な高校受験には、受験生を偏差値で輪切りにして、学力の低い子どもたちを排除し、はるか遠くの北星余市に追いやるという構造があります。むぎのこの子どもたちが北星余市を選んだのは、そんな高校受験の現実の中での消極的な理由だったのかもしれませんが、それでも「ふつうの高校」への進学にこだわった彼らの高校への思いにはとても熱いものを感じます。

三　北星余市の高校生活

学校にうまく適応できず、多様な支援ニーズのある生徒を受け入れてきた北星余市には、何か特別なプログラムや専門家による支援があるのかというと、何もありません。学校で生徒たちに関わるのは教師だけで、今ではどこの高校にもいるようになったスクールカウンセラーもいません。当然のことながら、むぎのこの子どもたちが入学してくるようになっても、そのために特別な準備をしたわけでもなく、ごく当たり前に新入生として迎えてきただけでした。

不登校や発達障害への関心が高まる中で、高校でも特別支援教育が取り入れられようとしていますが、まさに特別な配慮が求められる生徒が数多く入学してくる北星余市は、そんな高校教育の流れから取り残された「非専門的」な教育をしている高校のようにも見えます。その一方で、北星余市の教師たちには意欲のある生徒をけっして排除せずに引き受ける覚悟がありま す。それまでの学校でどんな困難や問題があろうとも、ここでがんばろうとする生徒にとことん付き合っていくのが北星余市が半世紀にわたって実践してきた高校教育の基本です（小野、二〇一八）。

そもそもむぎのこの子どもたちが北星余市に進学するにあたって、むぎのこ側から特別なお願いをしたわけでもなく、ごくふつうに受験して入学しただけなので、学校側が特別な配慮をすることもありません。もともと全国から多様な生徒たちが入学してくるので、かなり個性が強くてもここでは特別に目立つこともなく、他の生徒と同じように扱われることになります。もちろん、学校側は一人ひとりの生徒のニーズを把握して対応しますが、当初はむぎのこの実態がよくわからず、不登校の子どもたちのフリースクールのようなものと理解していたようです。

しかし、北星余市が「非専門的」で、むぎのことの特別な関係がなかったことで、むぎのこの子どもたちはごくふつうの高校生活を送ることができたともいえます。中学校までのように支援学級に入ったり通級指導を受けたりする「特別な」学校生活ではなく、他の生徒と同じ日課、同じ授業を受けることができることは、まさに彼らが求めた「ふつうの高校」ということになります。「不登校」とか「発達障害」というラベルを付けられて、「特別な配慮」をされる学校生活は、彼らにとってはよけいなおせっかいであり、それがない高校を求めたのかもしれません。都市部の高校には「特別な配慮」がしっかりと用意されているので、そこから逃れようとすれば余市まで行かざるをえなかったのもうなずけます。

不登校や発達障害に対して「特別な配慮」がない北星余市は、現在の高校教育の風潮からは「ふつう」ではないかもしれませんが、一人ひとりの生徒を個性やニーズも含めてそのまま受け止めて教育を保障するという点では、教育者としては当たり前の姿勢ではないでしょうか。その意味では、北星余市こそが「ふつうの高校」といえるかもしれません。

四　ほどほどの連携

北星余市には全国から生徒が入学してきますが、学校が運営している寮がないので、七、八割の生徒は余市町内に下宿して高校生活を送っています。この下宿の存在が北星余市の教育の重要な要素になっていて、学校と下宿が緊密に連携をとることでトータルに生徒を支えることができています。それに対して、自宅から通学しているむぎのこの子どもたちは、学校以外での担任との関わりが少なく、距離的なこともあって頻繁に家庭訪問をしたりすることもなく、むぎのこと特別な連携をしてきたわけでもありませんでした。

そんな非主流で少数派のむぎのこの子どもたちでしたが、二〇一四（平成二十六）年度入学の五十期生からはその存在が大きくなり、「札幌からの通学生」から「むぎのこの生徒」というふうに認識されるようになってきました。年々生徒数が減少していく中で、とうとう五十期の入学者は四十三人にまで減ったのに対し、むぎのこからは過去最高の九人が入学しました。その結果、むぎのことの関わりも増え、現在では学期ごとに担任教師とむぎのこのスタッフが意見交換をするなど、具体的な連携が行われるようになりました。

だからといって北星余市の教育が変わったわけではなく、基本的な指導方針はヤンキーを受け入れてきたときと変わらず一貫しています。北星余市の教育をもっとも特徴づけているのは生徒指導で、服装や持ち物などの規則は最小限であるのに対して、暴力やいじめなどには徹底的に対処し、けっして見逃すことがありません。たとえ発達の特性からくる問題行動であったとしても、「特別な配慮」はなく、すべて同じ基準で指導され、謹慎処分を受けることもあります。しかし、そのことで結果的にはいじめのない安全な学校生活が保障されることになります。

むぎのこの生徒たちも、学校で「派閥」を形成するわけではなく、あくまでも一人の生徒として学校生活を送っているので、仲間が増えたからといって北星余市でむぎのこのやり方が通用するようになったわけでもありません。生徒の属性やニーズが変わっても、北星余市は北星余市のままでいるところが北星余市の北星余市たるゆえんです。

もちろん、むぎのこは高校生たちをすべて学校に委ねて見守っていればいいわけではないので、学校とも連携しながら支援を続けてきました。しかし、それは北星余市の教育や指導に口を挟むようなものではなく、子どもたちの登校を促し、放課後の学習支援を継続することで彼らの高校生活を支えるというものでした。学校に何か特別なことを求めていくような積極的な連携ではなく、あくまでも高校生活を最後まで続けられるようにサポートすることに徹するという点で、ほどほどの連携といえます。

五　高校生活の成果

思春期の育ちは大人になるための基盤づくりであり、この時期の成長は人生を左右するほどの重要性があります。しかし、どんなに熱心で献身的な親や支援者がいても、個人の力だけでは大人への移行はうまくいきません。さまざまな出会いと経験をすることができる場と機会がなければなりません。むぎのこの層の厚い育ちの支援と、育ちの場である北星余市が合わさることで、大人への移行のリスクの高い子どもが驚くほどの成長をする奇跡も生まれました。むぎのこが総力戦でサポートして見事に北星余市を卒業したユウヤ君の成長は、支援者に大きな希望を与えてくれました。

幼児期から児童福祉施設で暮らしていたユウヤ君は、情緒的に不安定で暴力的な問題を起こすことがしばしばあり、児童相談所に一時保護されたり、児童精神科病棟に入院したりすることが繰り返され、そのたびに精神科の薬が増えて、たくさんの薬を服薬していました。中学校を卒業後は特別支援学校に進学しましたが、施設で他の子どもや職員への加害行為があり、地元の施設では受け入れてもらえなくなったために、麦の子会のファミリーホームに入所することになりました。

むぎのこに来てからのユウヤ君は、薬の影響でボーッとしていることが多かったものの、要求が通らないと暴れることがあり、特に里父に対して激しい暴力がたびたびありました。そのつど、むぎのこのスタッフが応援に入ることで収めていましたが、激しく興奮するユウヤ君を抑えるには男性スタッフが何人も必要なほどでした。それでも里父は文字どおり身体を張ってユウヤ君に向き合い、むぎのことしても総力をあげて支援を続けました。

そんな状況で高校進学など考える余地もありませんが、ユウヤ君が十七歳の年の三月三十一日に里父と焼き肉を食べに行ったときに、たまたま同席した北川園長が「この子は頭がいいから、このままじゃもったいない。高校に行けるんじゃやない」と言ったことがきっかけで、翌四月一日に急きょ北星余市で入学面接を受けさせてもらい、二年遅れの高校生活をスタートすることになりました。

しかし、入学当初は朝起きることができず欠席することが多かったため、むぎのこのスタッフが毎朝起こしに来て学校まで送り、そのまま学校で待機して一緒に帰るという、丸抱えの支援が続きました。学校では薬の影響で居眠りが多いだけでなく、依存的で自分から学ぶ意欲を示さず、ノートもとろうとはしませんでした。担任は基本的には能力がないわけではなく、能力がないと思わされてきたという見立てで、今までのやり方を通用させず、特別扱いするどころか、むしろ厳しく指導しました。学校では興奮したり暴力的になることはありませんでしたが、ファミリーホームでは高校に入ってから里父への暴力が増え、それまでよりも苦労が多くなっていました。

二年生になると欠席が少なくなり、自力で登校できるようになり、高校生活は安定しましたが、他の生徒との交流はなかなかうまくいかず、それがストレスになってファミリーホームで里父にぶつけられる悪循環が続きました。さすがにファミリーホームでは持ちこたえられなくなってショートステイを利用して分離したり、日々の問題についてケース会議を開いてむぎのこ全体で共有し、一貫した対応が行われました。

三年生になるとノートをとれるようになり、学校生活にも意欲的になり、寡黙な男子生徒と仲良くなって休み時間にしゃべっている姿が見られるようになりました。二年生の化学の単位が未修得のまま仮進級していましたが、二学期になって担当の教師がつきっきりで指導し、ユウヤ君もそれに応えて百点満点で合格し、学習態度も大きく改善しました。そして、「今の仲間と卒業したい」という思いで最後までがんばり、ユウヤ君自身が、「ここまで変われるとは思わなかった」と振り返るほど大きく成長して北星余市を巣立っていきました。

六　大人へのスタートライン

思春期の育ちは、子ども自身の経験であり、子どもが主役でなければなりません。それは当たり前のことではありますが、発達支援の現場ではともすれば見落としがちです。支援ニーズがある子どもたちには、親だけでなく支援者（専門家）が積極的に手を差し伸べることで、「無難な」大人への移行を促すのが正しいと信じられてきました。特別支援学校に進学して、就労支援を受けて自立するプランは、たしかにリスクは低いかもしれません。

しかし、子どもたちにとって高校教育それ自体は将来の大人としての生き方に必ずしも直結するものではありません。まずは就労することが自立の最低条件のように思われがちですが、それ以前に自分の世界を広げて生きていく力をつけていかなければなりません。それは高校生の重要な課題であり、そのための時間はどうしても必要です。高校を卒業していなければ仕事に就けない時代であっても、高校は「高卒資格」を得るためだけのものではなく、思春期の育ちには欠かせない貴重な体験なのです。

子どもたちにとって高校卒業は大きな成果ではありますが、本来の思春期の育ちの目標は「大人になること」なので、高校卒業は途中経過にすぎません。今は高校を卒業したから一人前の大人というほど単純な社会ではないので、ここからさらに大人に向かって努力していかなければなりません。その意味では、高校卒業はゴールではなく、大人へと向かうスタートラインです。ここからが一人ひとりの自分の人生の始まりです。

とはいえ、大人になることがこれまで以上に複雑で長期化している現代社会では、ここで支援が終わるわけにはいきません。思春期から大人への移行支援の制度は十分ではなく、手探りの支援になるかもしれませんが、むぎのこには幼児期からの発達をずっと見てきた強みがあります。大人になるのをしっかりと見届けるまで、むぎのこの総力戦は続きます。

【引用・参考文献】

小野善郎（二〇一八）『思春期の育ちと高校教育――なぜみんな高校へ行くんだろう?』福村出版

大学に行けなくなった三人

不安と希望に揺れる進路の選択

北川聡子

二〇一八年三月、高校を卒業して大学に進学したうちの三人が、それぞれいろいろな理由で大学に行けなくなりました。もうすぐ新学期を迎えるにあたって、三人は春からどうしようかと悩んでいました。そのうちの一人、カンタ君が私のところにやってきて、「いろいろ悩んだよ。できるかどうかわからないけれど保育の専門学校に行って、むぎのこで働きたいと思っている」と言いました。

カンタ君は機械やパソコンが得意なので、その選択で大丈夫なのかなと思いましたが、「自分で決めたんだね。わかった。がんばってね。ピアノなんかは応援するし、レポートも先輩の先生がたくさんいるから頼ったらいいね」と話しました。

それを聞いていたもう一人の大学ドロップアウト組のユリさんが、「私は美容師になろうかなと思う」と不安そうに言ってきました。私は、「美容師さんて大変な仕事だよ。立ち仕事だし、パーマかけなきゃいけないし、手も荒れるみたいだし、見た目の華やかさよりも本当に体力がいるし、地味な仕事なんだよ。それでもやりたいって言うならがんばってみたらいいね」と言いました。

しかし、ユリさん本人も本当にやれるのか不安な気持ちを持っているようでした。大学は北星学園大学の経済学部に行ったので経済や経理に興味があるということでした。それなら簿記の専門学校なども勧めましたが、本人は、「一人で通学する自信がない、また大学みたいになってしまいそう」と言って首を縦には振りませんでした。

その後ユリさんは、「私はお母さんに頼れない。どうやってこれからの道を選択していいのかわからない」と言うのです。

そこでみんなが応援するからいろいろ考えてみようということになり、放課後等デイサービスのブラックベリーの佐々木さんがユリさんのメンター（相談役）になってサポートすることになりました。佐々木さんの息子も入学した北海道医療大学に行けなくなっていた三人のうちの一人でしたが、佐々木さんはユリさんのために一生懸命考えてくれました。

そこにカンタ君が近づいてきて、「俺はもう保育の専門学校に決めた。今度はなんとかがんばるぞ」とユリさんに声をかけました。するとユリさんは急に、「一人で専門学校に行く自信はないけれどカンタ君と一緒だったら行けるかもしれない。私も保育の専門学校行く。保育士にどうしてもなりたいわけではないけれど、まあ、保育関係の仕事ならいろんなことができるかもしれないので、そこで挑戦してみる」と、急にぱっと世界が開けたように明るい声で言いました。

そこにいたみんなも、「それがいいかもね。願書を出しに行って、もし合格したらカンタ君と一緒に通ったらなんとか卒業できるかもしれない」と言ってくれました。今まで不安でいっぱいだったユリさんの目が、キラキラと輝いていました。

進路の決め方としてよいか悪いかわかりませんが、発達に困り感のある子どもたちが、知らない学校で適応していくためには、独りぼっちではなく、このような仲間のサポートも大切です。

このように、支える大人がいて、そして一緒に学ぶ仲間がいて、悩みを聞いてくれる友だちがいて、大学に行けなくなったユリさんは、次の春からの進路を決めることができました。はたしてうまくいくかどうかはわかりません。でも、まずは自分が決めた道です。その道をみんなでこれからも応援していきたいと思います。

ところで、北海道医療大学に行けなくなった佐々木さんの息子のタクミ君ですが、次の年、友だちのいる違う大学に再入学したのですが、その大学でも教室に入れず、二つ目の大学もやめることになりました。

不登校の子どもの支援のブラックベリーでアルバイトをしていたので、「母子家庭で、もうお母さんはお金も出せないから働かないと。自分で働く先が見つかるまで、むぎのこで働くしかないよ」と言ったところ、夜も寝られないほど悩んだそうです。

しかし、むぎのこの入社式にスーツ姿で現れました。

現在は、意外とすっきりした様子で元気に働いていて、社会人としてのスキルを素直に学び、まわりからの評価が高い新人となっています。

こんなところもまた、むぎのこの一面です。

第七章　むぎのこのお母さんたち――お母さんの手記

むぎのこのことをいろいろな角度から紹介してきましたが、ここで共に生活してきたお母さんたちの声を紹介したいと思います。

一　障害児の親として歩む決意

船木　香

船木家長男のケンヤは、お父さんの転勤で札幌から離れた北海道の地方都市で生まれました。一歳半健診時、寝ていたため測定不能とのことでしたが、あきらかに視線が合わず指差しもなく発達の遅れがありました。

町にある本屋さんで絵本の読み聞かせをしてくれた人が反応のないケンヤを見て、発達に遅れのある子どもを持つ友人の女医さんを紹介してくれました。女医さんはこの市には小児精神科の専門医がいないため、実家が札幌ならば自分の子どもが受診していた札幌の静療院（現札幌市子ども発達支援総合センター・ちくたく）の児童精神科医黒川医師を紹介してくれました。

黒川医師の初診を半年近く待ち、やっと受診日が来ました。予想どおり診断は自閉症でした。私は今住んでいるところでは療育が三歳から単独通園で、二歳のケンヤは地元の女医さんの紹介で市のＡ園に母子通園をしていることを黒川医師に話し、札幌の通園施設の見学をしたいと相談しました。実家が札幌の北区だったこともあり、「むぎのこっていうところがあるんですよ」と黒川医師は教えてくれました。お父さんが、そのときはまだ普及していなかった会社の携帯電話を持っていたので、すぐに電話で連絡してみました。時間は午後で療育時間はもうとっくに終わっていたのに電話にでた古家先生は、「どうぞ今見に来てください」と快く受け入れてくれました。そして、「札幌の実家に帰省するときは、むぎのこに遊びに来ていいですよ」と言ってくれて、ゴールデンウィークやお盆前にむぎのこの療育に母子で参加させてもらいました。むぎのこに来るようになって数年たってから、古家先生から見学時の様子を、「お父さんはなんとかしなければと真剣そのものだったけれど、お母さんは多動のケンヤ君を服をひらひらさせながら追いかけているだけだった」と聞かされました。後日お父さんは、「そのときの気持ちは藁《わら》にもすがる思いだった」と後援会の会報に書いてありましたが、たしかにそのとき私は病院に行ってケンヤの病気を治すんだくらいの感覚でした。

お父さんは会社に、「子どもが自閉症と診断され、今のところでは早期療育を受けられる通園施設がないため、札幌勤務にしてほしい」とお願いをしました。会社も理解してくれて半年後に札幌に転勤となりました。すぐにむぎのこに連絡すると、古家先生は、「縁があったのね、よかったね」と言ってくれました。こうして、三歳になったケンヤとのむぎのこ生活がスタートしました。私は、これから毎日ここに来るんだなと複雑な気持ちでした。

ケンヤが中学二年生のときに、お父さんの部屋でライターをいたずらしてボヤ騒ぎを起こしました。さらに服を破る、コンセントを引き抜く、DS（ゲーム機）を五台破壊するなど家では生活することが大変でした。

私はケンヤばかりに手をとられて、妹のチサトや当時四歳で発達障害のある弟のユウジと関わる時間がほとんどとれずに、毎日毎日が悪循環で困っていました。そんな状況を見て北川園長が、「山間留学や国内の留学だと思って、遠軽のひまわり学園という入所施設に少しの間お世話になってはどうですか、一生というわけではないんだし」と提案してくださいました。自分が子どもを施設入所させる親になることに抵抗がありましたが、今の状況から抜け出すにはそれしかないなと思い承知しました。

ケンヤが入所してしばらくは、さびしくて夜になるとケンヤが着ていたパジャマを見て泣いたりしていました。でもそのうちに、ケンヤがいないなら、「もう障害児の親はイヤだし、障害児の支援をしているところは必要ないし、ケンヤの治療は終わった。自分たち家族だけでなんとかできるから、むぎのこをやめよう」と思うようになりました。

妹のチサトは、むぎのこの友だちと一緒に通っていた学校は転校、一緒に習っていたバレエもやめよう、弟の発達障害のユウジはむぎのこのデイに行っているけど幼稚園にしようと考え、実際に幼稚園に入園できるか問い合わせをしたりしました。

ケンヤがいたから、今までふつうの生活ができなかった。これからは、ふつうの生活ができるのではないか？　ふつうの暮らしをするという私の人生設計が壊れたのはケンヤのせいだと思っていました。入所施設に入れたことで障害児であるケンヤのことも、いなければよかったと心のどこかで思っていたことがわかりました。

そんな私を見て母子通園を一緒にしていた仲間のお母さんは、「それでいいの」と本気で向き合ってくれました。「自分たちだけではやっていけないじゃない。ケンヤ君が独りぼっちになるよ」と仲間のお母さんたちは心配して言ってくれました。

私とそのお母さんは友だちなんだなと実感して涙が出ました。「障害を持つ子どもやこれまでどんなときも見捨てないでいてくれた仲間のお母さんたちと一緒にむぎのこで再びやっていこう」と、それは障害児の親として歩もうと決意した瞬間だったと思います。

半年たってケンヤが帰ってきました。いなくなってよかったと思ったり、やはり心のどこかで待っていたりと複雑な心境でした。ところが、ケンヤは家に帰るなり「(施設がある）遠軽に帰りたいの。遠軽に帰りたいの」と何度も私に言ってきました。

しばらくして、ケンヤが寮の世話人を「千葉先生、お父さん」と言い出しました。やっぱ

一人として、当事者として自分にできることを担っていきたいと思います。

二　十年かかってやっと助けを求められるスタートラインに立つ

三浦好美

二〇〇六（平成十八）年の五月、歩き始めたばかりの一歳の次女のマナツを連れて、むぎのこに辿り着きました。北海道こども心療内科・氏家医院から、「自閉傾向があるので、すぐ療育を開始した方がよい」と言われ、紹介されたのがむぎのこだったのです。

むぎのこで療育をスタートさせて母子通園を始めたものの、マナツは当時から好きだったビニール袋を触る感覚遊びをし続け、朝の会から帰りの会まで先生に抱かれ、最初はなんのために通っているのかわからず、焦りは募る一方でした。姉のアサヒと同じふつうの幼稚園に入れたい、療育を受けさえすれば他の子のようにおしゃべりができるようになり、発達も追いつくに違いない。他のお母さんからそう聞いていたのに、どうしてずっとひとり遊びしているのか。それどころかどんどん生活のリズムが狂って寝なくなるし、パニックになって何時間も泣き続けたり、意味なくドアの開け閉めを繰り返し、ドンドン飛び跳ねる、食事はヨーグルトとりんごジュースのみ、洋服を着ないなど、あっという間に「手のかからないおとなしい子」ではなく「片時も目が離せない子」へと変わっていきました。

むぎのこに通うようになってマナツは急成長しましたが、当時の私はそれを悪い変化としてとらえ、よく文句を言って先生たちを困らせていました。マナツの最初の担任だった中村先生に教えてもらったのは、「大変だったらいつでも言ってね」と助けを求めることでした。でも、これまでの人生で誰かに助けてもらったという感覚が持てないまま大人になった私が、本当の意味で助けを求めることができるようになるまで、実に十年以上の歳月がかかることになります。

マナツが重度の自閉症と診断されたのは、むぎのこに来てすぐのことでした。療育に来ている他の子と比べても明らかに発達が遅れていたため、事実を受け入れざるをえませんでした。

むぎのこに辿り着く前の話になりますが、私は結婚する少し前、二十九歳のときにうつ（鬱）で自殺を考えたことがあり、約一カ月間精神病院に入院していたことがあります。その後すぐ、職場の同僚だった現在の夫と結婚して二人の娘を授かりました。それが、長女のアサヒと次女のマナツです。やさしい夫との暮らしが始まり、人生がリセットしたと考えられるようになって、うつも回復傾向にありました。子どもの誕生は希望の光となり、まさにこれからというときにマナツが自閉症であることがわかったのです。

妊娠中にマタニティヨガを始め、マナツを出産したらヨガのインストラクターになろうと決めたときに、「子どもに自閉傾向があるから、子どもが小さなうちは仕事をあきらめた方がいい、今が大事ですよ」と保健センターから言われ、再びうつ傾向が現れました。気分が激しく落ち込んで意欲も減退し、子どもの世話をして食事をつくるのがやっとの状態でした。夫は出張が多くてほとんど自宅におらず、育児と家事はすべて私一人の肩にのしかかっていました。世間体を気にして他の子とマナツを比べ、イライラを長女のアサヒにぶつけていました。ちょっとのことでたたいてしまうし、怒鳴《どな》ってしまう。アサヒは発達が遅れていないのだから、しつけをしなければという思いもありました。不安に押しつぶされそうになると、夫が長期出張で不在にしているのをいいことに夜になるとお酒を飲み、気に入らないことがあると子どもを怒鳴り散らしていました。

最初のうちはむぎのこの先生に、育児ができない親だと思われたくなくて、あまり相談せずに抱えていたのですが、睡眠不足が重なり体力的な限界がきたのと、西尾和美先生のトラウマワークに参加したのをきっかけに、北川園長のカウンセリングに入れてもらうことになりました。

私はそのとき、精神的にギリギリのところに追いつめられていて、当時住んでいた高層マンションの十三階の窓から、泣きわめくマナツを放り投げてしまいたくなる衝動があることを打ち明けました。マナツを放り投げて自分もあとから飛び降りようと考え窓に手をかけましたが、暗い部屋の片隅で体を小さく丸めて私のことをジッと見つめるアサヒと目が合い、ふと我に返ってとどまることができました。

カウンセリングで死にたいと話しました。親から虐待を受けてつらかった気持ちも少しずつ話せるようになりました。北川園長はやさしく私の話を受け止めてくれて、ヨガのインストラクターになる夢をかなえたらどうかと勧めてくださいました。

「マナツちゃんのことはむぎのこで預かるから、お母さんはヨガのインストラクターになって他のお母さんにヨガを教えてちょうだい」

という北川園長の言葉を今でも忘れることはできません。それほどそのときの私は、間違いなく子どもを殺すかもしれない危険な精神状態だったのです。でも、本当にうれしかった。

障害児を生んだら自分の夢などあきらめなくてはならないという絶望感が、ささやかな希望に変わった瞬間でした。

ショートステイで娘を預かってもらい、インストラクターの資格を取得することができました。サンフランシスコ研修にも参加させてもらい、癒しと学びの機会もいただきました。制度を申請して、ヘルパーさんが自宅に来てマナツの世話をしてくれるようになりました。アンパンマンの付いたりんごジュースしか飲まないマナツに、職員総出でスプーンで水を飲ませてくれて、水を飲むことができるようになりました。そうやって、むぎのこの先生たちは実にていねいにマナツに関わってくださいました。言葉を話さないタイプの自閉症だと言われていたマナツが飛躍的に伸びて言葉を話すようになったのも、私がむぎのこでヨガを教えるようになったマナツが年中のころです。

しかし、当時の私にはお酒を飲んで子どもにきつく当たってしまうことが問題だととらえることができず、アサヒに対する虐待は続き、ついにアサヒが幼稚園に行かなくなりました。そして自己主張が弱く、友だちと関われなくなったアサヒにも発達障害と診断がくだりました。何もわかっていない私は受容できず、幼稚園の先生の対応が悪いとクレームを入れました。実際、幼稚園に毎日行くのはつらそうだったので、週二回むぎのこ保育園に通うことになりました。これも北川園長が幼稚園と話し合って環境を整えてくれたおかげです。それなのに私はただただ幼稚園の文句を言って騒いでいました。

父親や親戚をはじめ、私のまわりの友人にもどういうわけかアルコール依存の人が多く、その人たちと比較してもけっしてお酒が強い方ではなかったので自覚がなく、飲酒の問題に気づくのは、子どもが中学生になってからのことでした。

娘たちが就学の時期を迎え、私はむぎのこで相談員として働き始めました。最初は不安で大丈夫だろうかと北川園長に聞いてみたところ、

「マナツちゃんのことは任せて。三浦さんは他のお母さんの役に立って」

とヨガのインストラクターを取得するときと同じように、やさしく声をかけていただきました。

マナツは二語文で話せるようになり、意思表示もできるようになって奇跡的に成長していましたが、他害があったり衝動的に飛び出すなどまだまだ目が離せないこともありました。すでに小学生になっていたアサヒは不登校状態で、我が家はまだまだ支援を必要としていました。このころから徐々に、育児方針や家事をめぐって夫と言い争いが絶えなくなっていきまし

た。

マナツが中学生になると暴力が激しくなっていきました。他害だけでなく、激しい自傷行為も始まりました。毎晩のように家でパニックになり、私も夫も抑えるのに必死でアザだらけ。そんな様子を見ていたアサヒはとうとう笑わなくなりました。せっぱつまり助けを求めてむぎのこに電話しようとしたとき夫に、「なんで電話しようとするんだ」と止められ、夫と別れなければ助けを求められないと感じました。

そして、マナツが中二になった冬休み、夫とマナツへの対応をめぐって激しい口論になり、本人の目の前で初めて離婚の話になりました。結局、数日後に話し合って、仲直りしようということになりましたが、マナツは以前にも増して一層不安定になっていき、手がつけられないような状態になりました。私と夫がほんの少し会話をするだけで暴れるようになっていました。

そんなある日、むぎのこでなんの前触れもなくマナツが激しいパニックになり、周囲にいた人や小さな子に他害をしてしまいました。私は耐えられなくなり止めに入ったのですが、その場にいた古家先生が異変に気づいて、何があったのかを聞かれました。大きな夫婦ゲンカをしてからすでに三週間ほど経過していたものの、夫婦間がうまくいっていなくて離婚の話にまでなったことを打ち明けました。

「マナツちゃんがこんなに苦しがっているのは、自分のせいで離婚しそうになっていると思っているからに決まってるじゃない」、「ね、マナッちゃんはまったく悪くないよ」と古家先生がマナッに声をかけると、古家先生の膝にうつ伏して泣き叫んで自傷行為をしていたマナッがスクッと立ちあがり、大きな声で「マナッは悪くない！」と言いました。いつものオウム返しなどではなく、自分の言葉で自己主張したのです。

古家先生に、「マナッちゃんに謝って」と促され、その場でマナッに謝ると、あんなに苦しそうにしていたマナッの顔に満面の笑みが広がりました。

そのあとに行われた自助グループでは、これまで話してこなかった夫婦の不仲を打ち明けました。思春期の子どもの暴力や問題行動、虐待に真剣に向き合ってきた先輩お母さんが自分の話をしてくれて、癒され、大きく心を動かされました。虐待の当事者であるにもかかわらず、隠しごとをしてまったく自分のことに向き合っていないということに、やっと気づいたのです。助けてほしいけれど、本当のことを話したら叱られると思い込み、たくさん隠しごとをして、助けを求められなくなっていたのは私の方でした。

夫と和解し、北川園長と古家先生にすべてを打ち明けて、また新たな生活が始まりました。今さらで恥ずかしいのですが、むぎのこに来て初めてスタートラインに立てた気持ちです。隠しごとを打ち明けた数日後に私とマナッが二人でいると、たまたま近くに座った古家先生の背後から、「ヤッホー古家！」とマナッがニコニコ笑ってあいさつしていました。自分から名指しであいさつするマナッを初めて見ました。

「〝ありがとう〟って言ってくれてるみたいだね」と古家先生に言っていただき、本当にそのとおりだと思いました。十二年以上も付き合いがある仲間のお母さんたちにもすべて打ち明けました。

「カッコつけてばかりで肝心なことはまったく教えてくれないんだから」

とそのままの私を受け入れてくれました。

自分の弱さをオープンにする大切さを身をもって知りました。「私たちは一生仲間だよ」と声をかけてもらい、心に壁をつくっていたのは自分の方だとあらためて思いました。こんなに子どものことを苦しめていたのにもかかわらず、むぎのこでは誰からも「虐待の加害者」と責められませんでした。

子どもが幼児の時代からこんなにも手厚い支援を受けていた私でも、包み隠さずに話すまでに実に十年以上の月日が必要でした。かなり遠回りしたけれど、自分にとっては必要な道のりだったと今は実感を込めて言えます。そして根気よく寄り添ってくれた北川園長、古家先生をはじめとする職員さんたち、仲間のお母さんたちには、心から感謝しています。

そんな私も、むぎのこで相談員として働き始めて、今年で十年目になります。三年前に社会福祉士の資格も取得しました。しかし今でもカッとなると娘たちに虐待をしてしまいます。さらにお酒の問題もあります。ただ、子どもに迷惑をかけたことを反省しているので、次の日がお休みのときしか飲んでいません。母子間の適切な関わりがわからないため、相変わらず育児は苦手で、ヘルパーさんが週に数回自宅でお手伝いしてくれます。

もしも、むぎのこに巡り合っていなければ、私は生きていなかったと思います。支えられているという実感を持てるようになったのは、つい最近のことです。これからも関わる人たちを助けたり、助けられたりしながら、人の役に立てるように、ささやかなことに感謝ができるように、前を向いて成長していきたいと願います。

三　子どもの障害を受容するということ

中井由子

私が初めてむぎのこに来たのは、自閉症の次男が二歳七カ月のときです。療育に通うことになり、毎日次男と母子通園をしていましたが、私は「差別はいけないこと」という思いから、次男に障害があったことの悲しみや苦しみや、やりきれない怒りを無意識に心の奥にしまい、「ふつうの子にしたい」という強い思いだけで必死に療育に通い、家では知育玩具やフラッシュカード（右脳教育教材）などで訓練のように関わっていました。「ふつうの子にする」ことこそ差別そのものですが、当時の私にはわかりませんでした。そんな一方的な関わりだったので、次男の気持ちはどんどん私から離れていき、私は私ですべてを次男の自閉症のせいにして、ひとり遊びばかりさせていました。当時は気づいていませんでしたが、自閉症と診断されたとき、私は社会から墨汁を浴びせられたような、「人生を真っ黒にされて生きていてはいけない、産まなきゃよかった」とまで感じていたのです。そんな気持ちを無意識に封印して、ただただ世話をするだけの毎日で、長男には些細な失敗をガミガミと叱りつけて自分のストレスをぶつけていました。

そのような生活でしたが、先生方の配慮で次男は単独通園を増やし、療育で先生たちからかわいがられ肯定される中で自信がついて活動的になりました。母との関係は離れたままだったので、ナイロンやビニールの感触を求めて人の洋服を触りに行ったり、人に興味が出て小さい子に他害するようになったりしましたが、そんな姿を見て私はますます次男を嫌いになりました。年長のとき、近所の公園で初めて会った子が着ていたナイロンジャンパーに次男が唾を吐きかけ、相手のお母さんを怒らせることがありました。私は次男に恥をかかされた思いでいっぱいになり、次男への怒りや憎しみがあふれて、次男の卒園を控えていた私は、もう次男と一緒にいたくないから寄宿のある小学校に入れたいと北川園長に泣いて訴えました。

園長は私の気持ちをしっかり聞いて、それを何一つ否定せず、

「お母さんの気持ちはお母さんにとって大事なものだけど、それが子どもに向かってはかわいそうだから預かってあげる」

と仰って、その日から三カ月も園長は次男を自宅で預かってくれたのです。

ショートステイやヘルパーの制度がなかった当時、チックの出ていた次男を見て、緊急保護的に預かってもらったことで、私はもとより、何よりも次男が救われました。私にとって今ま

で秘めていた次男に対する否定的な思いを初めて口に出して言うことができたばかりか、その気持ちを否定されなかったことは驚きでした。園長の配慮のおかげで三カ月の中で私の自信や自己肯定感も少し回復し、次男も自宅に戻って来ることができました。

私は、否定的な気持ちも大事な気持ちで、ないことにしなくていいことと、子どもへの怒りや憎しみはずっと続くのではなく、環境や支援によって変化できることをこの経験で知りました。

在園中や卒園後に機会をいただいて、サンフランシスコで当事者が専門性を持って障害者やその家族を支援している団体を視察しました。むぎのこでも卒園児の親が働いていましたので、私も勉強して専門性を身につけて支援する側になりたいと思うきっかけになりました。そして北川園長の勧めで、園長が修了されたアライアント国際大学・カリフォルニア臨床心理大学院日本校を修了し、今はむぎのこでカウンセラーとして働いています。在園のお母さんたちのグループカウンセリングや個人カウンセリング、自助グループのファシリテーターやトラウマワークを担当しています。

むぎのこのカウンセリングは親の子どもの障害受容をサポートする役割を担っています。そこでスタッフが大事にしていることは、ネガティブな気持ちを正直に話せる場をつくることです。私も障害児の親という当事者として障害受容の途中にいますが、園長に否定されずに話を聞いてもらった経験や、人に助けてもらって子どもと距離をとったことで母子関係が改善された経験を、これからのお母さんたちにお返ししていく役割をもらったと思っています。そして正直に話せるようになったり、助けてもらうことができるようになると、子育てで支え合える仲間ができ、自助グループで当事者として自分を振り返って語ることや、グループで行うトラウマワークで子どものころのつらい経験を参加者同士で協力し合いながら癒すことも、子どもの障害を受容するためにむぎのこでは大事にしています。

四　「負けてたまるか」の人生を自助グループに助けられて

木田美佳子

ショウヘイは三歳から他害があり、十歳のときに人を蹴ったりかじったり頭突きしたり、頭を壁や床に打ちつけたり自傷もひどくなりました。特に私に対してひどくなり、ある日ショウヘイに頭突きされ、目のあたりが青くなりその顔のままいつもの帰りのあいさつに北川園長のところに行きました。

園長は私の顔を見るなり、

「どうしたの？」

「ショウヘイに頭突きされました」

「えっ!?　ショウヘイ、家庭や地域で生活するのむずかしくなるかも」

そう言った園長に、

「ショウヘイなんか、施設でもどこへでも行ってしまえばいい！」

それは私の本心でした。

「お母さんの〝ショウヘイなんか、施設でもどこへでも行ってしまえばいい〟っていう気持ちは悪くないよ。でも〝施設でもどこへでも行ってしまえばいい〟って言われたショウヘイはつらいかも、だから今日はおいて帰りなさい」

そう言って園長がショウヘイを連れて帰ってくれました。まだショートステイがない時代でした。

私は、「ショウヘイなんか、施設でもどこへでも行ってしまえばいい！」と言うまでは、私だけがかわいそうで、ショウヘイのせいで私はこんなに大変、なんで私ばっかりこんな思いをしなければならないのという気持ちでした。

しかし、園長の言葉で、私は自分のことばかりで、ショウヘイの「気持ち」を考えたことがない自分に気がつき、初めてショウヘイの気持ちを考えました。そして初めてショウヘイに悪いことをしてきたと思いました。ショウヘイは二晩泊めてもらい、翌朝「よかった。助かった」と言ったそうです。それを聞いて私も「同じだ、そのとおりだ」と思いました。

それからショウヘイは単独で見てもらい、私は他のクラスや別のところで働かせてもらいました。

ショウヘイは場面の変わり目によく暴れ大泣きしました。そのたびにそのころいた船木さんや竹内さんのお母さんたちや先生がショウヘイの話を聞いてくれました。「ショウヘイ、どうしたの？」、「お母さん嫌なことしたの？」、「昨日？」、「今日？」、そして電話がかかってきました。「ショウヘイがお母さんが昨日嫌なことしたって言ってるけど、何かあった？」と聞かれ、何かしたかなと昨日のことを思い出し、「あのとき急がせちゃったかな」と言うと、ショウヘイに聞いてくれ、当たっていると電話口の向こうで大泣きしました。そして、ショウヘイに「ごめんね、あのとき早くしなさいって急がせたね」と謝りました。それが毎日のように、一日に何度ものときもありました。みんなショウヘイが暴れるたびにショウヘイに話しかけてくれ、何度も繰り返し話を聞いてもらい、ショウヘイは少しずつ落ち着いていきました。お母さん同士協力して子どもを見ることで、大人が当たり前と思っていることにも子どもは傷ついていることに私は気づきました。

今、ショウヘイは二十七歳でむぎのこのハーベストガーデン（共同生活援助事業所）にいます。おかげさまでみんなと一緒に作業やサークル活動をしています。週に一、二回食器洗いの仕事をして賃金をもらっています。ヘルパーさんとの買い物や、週末出かけることを楽しみにしています。

私は今もショウヘイに対して嫌なことを言ってしまいます。この間も「（車に）急いで乗って」と嫌な口調で言ってしまい、「またやっちゃった」と思いました。すぐに「ごめんね。今、嫌な言い方しちゃったね」と謝りました。

私はトラウマワークで、小学生のとき父親が私の担任の先生と浮気してると聞いたことを思い出し、自分は性虐待を受けていないけど、セクシャルアビューズの人たちと気持ちが通じるものがあることに気づき、そのワークが私の癒しになっていると思います。

今、私はセクシャルアビューズの自助グループのファシリテーターをしています。月一回、むぎのこ関係じゃない外部の方も参加してくれていて、「今の職場はこういう話を話せなくて、わかってくれる人がいなくて苦しい。つらくなったとき、ここの自助を一番初めに思い出しました。ここがあってよかった」と言うのを聞いて、とてもうれしく思いました。

私もこの自助で初めて、「負けてたまるか」で生きてきたことを話しました。忘れていたずっと前から私の中にあった言葉でした。私は中学高校とバレーボールをしてきて、中学のとき先生に教わった「負けてたまるか」をずっと胸に秘めて生きてきました。この言葉のおかげでがんばってこられたと思っていました。実際にそのおかげでがんばれたこともたくさんあったと思います。でもその反面、負けを認めない、弱さを認めない、負けは悪いみたいなものもあったと思います。

自助グループで「私は〝負けてたまるか〟で生きてきた。私の人生、旦那は浮気するし、五十過ぎて離婚になって、負けてばっかりなのにね」って話したら、笑えて、なぜかとても楽になりました。負けているのに負けてたまるかって思っていた自分に気づいたんです。負けた自分は悪いわけじゃなく、負けを認めることで地に足がつき、前を向いて進もうとする自分になりました。「負けていい、そこから進めばいい」、前を向くことが大切なんだと思います。

自助グループのおかげで私も助けてもらいました。自助で話して、聞いて、「同じだな」、「違うな」、「あれ？　似てる」、「そうそう」……ってなんかわからないけど元気になる、そんな自助をこれからも続けていきたいと思います。

五　着付けが救ってくれた絶望の日々

木戸由利子

私がむぎのこに来たのは二十年前です。長女が重度の自閉症と診断され、むぎのこに通うことになったからです。当時は診断を受け入れられず、絶望の日々を過ごしていました。

私の人生の予定には、障害のある子を育てることになるとは思ってもいなかったので、言葉が出ず多動の子をイライラしながら怒る毎日でした。将来に希望も見出せなく世間体も悪い、なんで自分だけこんな目に遭わなくてはいけないのか、娘のことより自分のことばかり考えていました。

むぎのこには、長男を出産してから母子通園が始まりました。まだ保育園がないときで長男は事務所で見てもらいました。北川園長、古家先生、事務職員、みんなで見てくれて長女との母子通園をサポートしてもらいながらむぎのこに登園しました。

むぎのこでは週一回のグループカウンセリングがあり、お母さんたちが北川園長、古家先生

と悩みや子育てについて話す時間がありました。そこで私が日本舞踊を習っていたことを話したらすぐに園長から、

「むぎのこのお雛祭りで日本舞踊を踊って日本の文化を子どもたちに見せてくれたらいいね。お母さんたちと踊ってみたらどうかな」

と提案がありました。

そして同じクラスのお母さんたちと練習して何十年振りに一緒に踊りました。着物も持っていたので自分で着付けをして、お母さんたちにも着付けをしました。クラスにはヘアメイクの上手なお母さんもいて手伝ってくれました。

むぎのこの子どもたちは喜んでいました。でも、もっと喜んでいたのがお母さんたちで、着物を着るのは成人式以来のお母さんたちがほとんどで、子育てに忙しい日々を過ごしているので、きれいにお化粧して着物を着るとお母さんたちが笑顔になり元気になっていきました。私もいつのまにか笑顔になっていました。それから毎年お母さんたちと着物を着て踊りました。

長男も広汎性発達障害でむぎのこに通園していたので、同級生のお母さんたちと宝塚歌劇団の「すみれの花咲く頃」の歌を着物と袴を着て歌って踊ったこともありました。とても楽しく盛りあがりました。着付けの機会は卒園式や、フリースクールの卒業式などでもあり、麦の子会の成人の施設、生活介護事業をしているジャンプレッツでも行事のお雛祭りやお茶会、成人式に利用者の方に着物の着付けをしました。お母さんたちの中にも若いころ着付けを

習っていた人がいて、毎年利用者の人が喜んでくれる姿を見に手伝いに来てくれます。

ジャンプレッツでは重度の自閉症の人もきれいになりたい気持ちは変わらず、着物を着ると生き生きと笑顔になり穏やかになりました。普段多動の人も着付けやお化粧しているときは落ち着いてできる人が多いです。私の長女もグループホームからジャンプレッツに通所しています。長女も重度の自閉症ですが、成人式の着物をヘルパーさんに付き添ってもらいデパートに選びにいきました。成人式もヘルパーさんに付き添ってもらい着物で出席できました。長い時間着ていても笑顔でいられて、きれいになりたい気持ちがそうさせたのだと思いました。長女が小さいころ北川園長と古家先生が、「障害が重くても、なるべくすてきないい物を着せてあげてね」と言っていたことを思い出します。私は言われてもすぐには実行できませんでしたが、だいぶたってから買い物セラピーなどで子どもたちに服を買いました。何十年もたちましたが大切なことを聞いていたのだと思いました。

着付けを通して思ったことは障害があろうともなかろうとも、女性はかわいく、きれいになるとうれしいから穏やかになると思いました。私は幼少のころから友だちもいなく、なんの特技もやりたいこともなく、うつ（鬱）っぽく暮らしていました。それが二十年前、北川園長から日本舞踊を踊ってと提案され、着付けをするきっかけになりました。着付けをするとみんなが喜んでくれていることが私もうれしく、私も人の役に立つことができるんだと思えるようになりました。

私は、家が新興宗教に入っていて、抜けるとバチが当たるとマインドコントロールされていたので、心の中に恐怖心がいつもありました。でもむぎのこで、いろいろな人とも出会い自由になりました。おかげさまで、私もだんだん元気になって回復してきました。みんなの協力があり続けることでできたのだと思います。本当にありがとうございました。

子どもたちも大人になりましたが、むぎのこで今もやさしくみんなに見守られています。今は里子の子育てに挑戦しています。これからもいろんなことがあると思いますが、よろしくお願いします。

六　子育て、親育ち――仲間に応援してもらって少しずつ

松本裕湖

私は十七歳の重度自閉症の息子と十三歳の娘を持つシングルマザーです。息子が三歳児健診で、多動、言葉が出ないなどの指摘があり、当時私は妊娠七カ月だったので、保育園があり母子通園のできるむぎのこを紹介され入園しました。

娘を出産し、息子の誕生日会を家でしていたときに息子が私の腕にかみついてきました。すると旦那は息子の口に自分のこぶしを押しつけ、怒鳴《どな》り、虐待をしました。私はそのことをクラスのグループカウンセリングで泣きながら話しました。それ以降、家に帰るのが怖くなり、息子は先輩お母さんのおうちに泊めてもらい、私は娘とむぎのこに夕方までいさせてもらいま

した。そして、息子は一時保護でもなみ学園に、私と娘は女性センターに避難しました。

　その後調停で離婚し、新しい生活が始まりました。すると、私はこれまでのDVの恐怖で何もできない自分になっていました。一人ではすぐ近くのコンビニに行くことすらできず、必ずむぎのこのお母さんに付き合ってもらい、ごみ捨ては先輩お母さんに出してもらいました。子どもたちの世話は、毎日夕食介助から寝かしつけまでヘルパーさんにお願いしていたのですが、当時息子に支給された身体介護時間は三十時間だったのでまったく足りず、先輩お母さんがボランティアで毎日来てくれました。私自身は個人カウンセリングを受け、自助グループに参加したりしながら少しずつボランティアができるようになりました。毎日の生活といえば、私は息子にばかり目がいってしまい、娘のことは、「いい子にしなさい」、「これくらいできるでしょ」とまったく気を向けずにネグレクトをしていました。

　娘が小学六年になり仲間と秋田へ修学旅行に行ったときのことです。古家先生から出発の移動中に「娘との距離があり過ぎるよ。お母さんは娘のそばにいて何か話しかけられたらすぐに返事してあげて」とアドバイスしてもらっているその最中に私は娘に話しかけられているのに気づかず、「お母さん、話しかけられてるよ」と教えてもらったときには時遅し、娘には「もういいよ」と言われてしまいました。

　そのときでした。「できてないんだからやらなきゃ」という思いが自分の心の中にすっと入ってきました。

修学旅行から帰って普段の生活に戻ると、自分がこれまでいかに娘を無視していたかがわかりました。それからは息子を週に一回、ショートステイホームにお泊りを入れてもらって、娘との時間をつくるようにしています。

自宅では、「笑顔であいさつをする」、「話しかけられたらすぐに返事する」、「話を聞く」を心がけましたが、なかなかできないことも多かったのですが、それでもがんばろうと思い、毎日続けていたら、少しずつ娘から、「今日の夕飯はこれが食べたい」とか「今日はこんなことがあった」など話をしてくれるようになりました。そして、いつも自分の部屋に閉じこもっていたのが居間で宿題をするようになりだしました。

これまで言葉がほとんどなかった息子も、「なんでだよー」と私に反発し、自己表現できるようになってきています。私も、少しずつですが自然な会話ができるようになって、娘がつくってほしいという夕飯があったら、なんとかつくってあげたいと思うようにもなりました。

最近では、むずかしい時期なのか反発してくることも多くなり、私の手ではどうしようもないときは先輩お母さんや、仲間の手を借りて、子どもの気持ちを私の代わりに聞いてもらい解決するようにしています。そして、自宅で起こった私が嫌だったことや腹が立ったことは、仲間に聞いてもらって共感してもらい、応援してもらって、子どもに怒りが向かわないようにしています。

現在、私は麦の子会の経理事務員として働きながら子育てをしています。今の生活はとても大変ですが、応援してくれる先輩や仲間がいて、「子どもがいい状態になっている」とわかるからこそ、がんばれていると思います。

これからも生活の中で大変なことはたくさん出てくると思います。でも、先輩や仲間に助けてもらいながら、明るく生活していきたいと思います。

七　仲間がいて自分がいて、みんなで支え合って生きている支援の連鎖

櫻庭直美

長男が二歳のころに自閉症と診断されました。私が下の娘を妊娠中だったこともあり、保育園もあるむぎのこを児童相談所から紹介されました。通い始めて二カ月後に離婚することになり、障害児を抱え、おなかの子も八カ月で、夫に捨てられこの先どうやって生きていけばいいのか、私たちに生きている価値なんてあるのかと、もともと自己肯定感の低い私は絶望的になっていました。

離婚後に引っ越した先で、下の階の方から足音がうるさいと、私が歩いただけでも下からドンドンと突《つつ》かれるようになり、ノイローゼのようになった私が泣き叫ぶと、言葉も話せなかった二歳の息子が、ティッシュを一枚持ってきて私の涙を拭いてくれました。

絶望的な精神状態の中で先生方の熱心な療育の他にヘルパーやショートステイなどたくさんの支援をしていただき、グループカウンセリングや自助グループで同じ悩みを持っている仲

間と話すことで少しずつ元気になっていきました。

しかし、あるとき、仲良くしていたお母さんと急に険悪な状態になり、嫌な気持ちを伝えると、「あなたのこと大っ嫌いなんだよね」と言われてしまいました。

「この私のことを大嫌いだなんて、なんてことを言うんだ！　こんなことを言われたのは四半世紀ぶり。幼稚園のとき以来だ」。

人に嫌われないように生きてきた私はとてもショックでした。その後しばらくお互いに避けて過ごしていましたが、先輩お母さんやカウンセラーから、「二人で遊んできたら」とアドバイスがありました。

初めは乗り気ではありませんでしたが、昔遊んだすすきのはもう私たちには合わなくなっていて、結局二十四条に行きました。行って飲み始めてみたら意外にも意気投合して、今までの育ちなどを話してみると共通点がたくさんあり、似た者同士だから競い合ったり、自分にないものがうらやましかったりしていたということがわかりました。おかげですっかり打ち解け、以前よりも仲良くなって盛りあがり、その日は朝の四時まで飲み明かしました。同じ境遇だからこそ、わかり合え、支え合える大切な仲間です。

仲間ができた安心感の次には働くことで自分の存在価値を実感することができました。今でも吹奏楽を続けていて音楽が得意なことから、お楽しみ会での演奏やリズムではピアノを弾いたりしています。初めはボランティアでしたが、パートを経て職員にステップアップして、まわりの方からの勧めで保育士の資格をとることもできました。勉強が嫌いで高校卒業後すぐに就職した私にとって、国家資格を手に入れるなんてことは信じられない話です。現在は小学一年生から中学二年生の幅広い年齢の学童のクラスを担当させてもらっています

　もともと勉強が嫌いな私が、自ら勉強をして保育に携わる仕事をしていることに不思議な気持ちになっていますが、私たち親子が、たくさんの先生方に支援していただいたように、私も困っているお母さんを全力で応援していきたいと思います。

　支援されていた私が支援する側になっていて、またさらに、私の支援した人が、誰かを支援できる力を持てるような連鎖が生まれたらすてきだなぁと思います。

column
コラム❹

里親になるって

國井博美

私は、六年前に里親になりました。むぎのこには里親をしている人がたくさんいて、里子と一緒に家に帰り育てている姿を多く見ていました。そして自分も里親になる三年ほど前から近所の里親宅に里子支援に行っていて、世の中に社会的養護が必要な子がたくさんいることを知っていたので、「自分も里親になり、支援をしなくては！」と思い、児童相談所に電話をし里親申請希望をしました。

里親登録と同時に、すぐに一人の里子の話があり受けることになったものの、まだ会ったことがないその子を私はかわいがれるのか、不安な気持ちで古家先生と一緒に北海道子ども総合医療療育センター「コドモックル」に行った日のことを覚えています。三歳になったばかりの彼は人懐《なつ》っこく話しかけてきて、まっすぐに私を見ます。帰り際に「また会いに来るからね」と言うと、「来てね！」と言う彼を見たときから私の里親としての人生が始まりました。

それから六年たち、当時三歳だった彼は小学四年生に、四年前に来た女の子は小学一年生に、そして八カ月前に生後三カ月の赤ちゃんが来て、今は三人の里子を育てています。

三人目はまだ首が座っていない赤ちゃんを緊急で受け入れ要請の話があり育てることになりました。赤ちゃんは夜中二回、おなかがすいて泣きミルクを飲みます。私は現在五十八歳、正直体力的にもきついのですが、なんの疑いもなく私を百パーセント頼り、しがみついてくるその子を支えたいという気持ちの方が強くなります。三人の子どもたちのかわいさと仲間に支えられて今があります。

わが子ではできなかった子育て、むぎのこで取り入れているコモンセンスペアレンティングを用いて、よりよい関係性を目指しています。

しかし私はもともと人に冷たいタイプで、時には里子にも冷たかったりするので、ときどき北川園長や古家先生からのアドバイスもたくさんもらって子育てしています。そして、たくさんの仲間やご近所さんの温かい関わりも多いので、おかげさまで三人の里子たちはすくすくと育っています。

むぎのこだから、みんながいてくれるから、今日があります。

私は政治家の家に生まれ、いろいろなことで人に不信感を持つような経験がありました。そのため人の中にいることが嫌で、孤立したがる傾向がいまだにあり、孤立すると里子にとってもよくないので、孤立しそうになると、また北川園長、古家先生、仲間たちが戻してくれます。もういい年齢なので、あまり人に迷惑をかけたくないのですが……。結局一番むずかしいのは自分だなぁとよく思います。でも、里子が人とつながりをもたらしてくれます。

私は、離婚してから、むぎのこの近くで職

員仲間の隣近所に家を建てて引っ越し、そこで里子三人と暮らしています。自分の人生がこのようなことになるとは、想像すらできなかったことです。

最後に、エピソードを二つ。

〔その一〕

一番初めに里子となった彼が五歳のときの会話です。

「母さんがコドモックルに会いに来たよね、覚えてる？」

「うん」

「また来るって言ったよね、なんで帰っちゃったのかな、早く来てほしいなぁと思っていたよ」

涙を浮かべて話す彼に、私も涙が出てきました。

社会的養護の必要な子への里親支援、里親を待っている子がまだたくさんいることを日々感じています。

〔その二〕

私が里子にコモンセンスペアレンティングを使ってほめる様子を見て実子が（里子に）、「いいね、母さんにほめられて！　お兄ちゃん（実子）は母さんから一回もほめられたことなかったよ」と言いました。

実子ではできなかった子育てを反省しつつ、むぎのこから教わっています。

私にとって、むぎのことの出会い、里子との出会いは、人生を大きく大きく変えるものでした。そして、これからの人生も、里子と共に、まわりの人とつながって、一人ひとりの里子のその子らしさを応援し、一緒に歩んでいきたいと思います。

第八章　お父さんの涙――お父さん、出番です

前の章ではお母さんたちの手記を紹介しました。むぎのこでは、お父さんの支援（パパミーティング）もしています。今度はお父さんたちの思いを紹介します。二〇一九年一月十四日に行った麦の子パパの会のシンポジウム「お父さんの出番です」の様子をお届けします。

北川：みなさん、こんにちは。今日は麦の子パパの会のシンポジウムということで、むぎのこの先輩お父さんに来てもらいました。司会は園長の私がさせていただきます。どうぞよろしくお願いします。お話をお聞きするのは、こちらから船木さん、竹内さん、山之内さん三人のお父さんです。そして助言者は、むぎのこ心理相談部の武田部長です。みなさん、よろしくお願いします。まずはそれぞれのお子さんについて簡単にご紹介をお願いします。

船木：船木です。二十四歳の重度の自閉症の長男、その次が女の子で今大学一年生、一番下の

子が今中学三年生です。

竹内：竹内です。ここ（むぎのこ）に通っていた息子は、今二十五歳で自閉症です。上に二十七歳のお姉ちゃんがいて二人きょうだいです。

山之内：山之内です。長男が十六歳で、次男が十歳です。

北川：今日は三人ともむぎのこで歴史ある古参のお父さんたちに来ていただきました。最初に竹内さんのお父さんいいですか。奥さんから子どもが「自閉症」と診断されたと聞かされたときのエピソードを教えてください。

竹内：はい、一九九六年、麦の子会が認可になった年にここに来ました。そのとき息子は三歳半だったんですけど、言葉が出なくて、何回か保健所とか行ったりしたんですけども、そのときに専門のところで診てもらった方がいいねっていうことで、むぎのこを紹介されました。最初はやっぱり自閉症を認めたくないっていうか、なんでここに来なきゃなんないんだっていう気持ちで、あまりいい気持ちではなかったんですけども、そうこうしていくうちに、自閉症っていう診断がくだりまして。ちょうどそのとき、私は会社の一泊旅行で定山渓《じょうざんけい》に来ていて、温泉に入って楽しんでたわけなんですけども、その夜に電話がきまして、そこで息子が自閉症だって知ったんですね。温泉がなんか急に暗いものになったんですけども、みんなの手前明るく振る舞いながら、でも何も考えられなかったです。

写真 8-1　3 人のお父さん

北川：そのあとすすきのので。

竹内：はい、そのあとですね、年末に友人とすすきのに行ったんですけども、そのときに友人には息子が自閉症なんだってことを打ち明けて、打ち明けているうちにだんだん、こうなんか悲しくてっていうか、泣きたくなってきたんですよね。そこはすすきのの廃墟みたいなビルで、あんまりテナントも入ってなくて、トイレに行ったら誰も来ないのです。そこで、もう本当になんか一生分泣いたなっていうぐらい泣きました。そして泣き止んだときに、ふと「子どものために生きたい」と思いました。そして、父親として息子が通うことになるむぎのこのことをもうちょっと知りたいなと思って来たのが始まりでした。

北川：すすきのので一生分の涙を流されたのですね。

竹内：ええ、流しましたね。十分間くらいだったと思います。その間誰も来なくてよかったです。誰にも見られずに独りで大声出して泣くことができましたから。

北川：お母さんたちはグループカウンセリングとか、個別カウンセリングで、むぎのこに来て最初のころは、「どうしてこんなことになってしまったんだろう」とか「どうして私のところに障害のある子どもが来たのだろう」とか、みんな泣いたり、悲しみを共感し合ったりする機会があります。でも、お父さんたちも我が子に障害があるってわかったときにいろんな思いがあったと思います。お父さんたちも心の中で、「障害のある我が子のことをどう考えていけばいいのか」、「これからの人生をどう考えていったらいいんだろう」と悩んだのではないでしょうか。奥さんの妊娠中にイメージしていた、生まれてくる子どもの将来の人生設計が、お父さんなりにあったのが、ある日突然変わってくるわけですからね。その突きつけられた現実に竹内さんは、すすきののトイレで独りで大泣きした。そして妻と子どもを支えていこうと思ったのですね。

竹内：振り返ってみると、そうだったと思います。

北川：竹内さんは、最初むぎのこを紹介されたとき、「なんでうちの子が幼稚園じゃなくて、こんな障害児のところに来なきゃなんないんだって正直思った」とも言ってましたよね。

竹内：そのときはやはり思いましたね。ところが最初にここに来たときびっくりしたんです。そのときはちょうどバザーをやってました。ここにいる職員の杉山さんが子どもの療育に入って、子どもと元気に遊んでいるのを見て、「障害児の施設はもっと暗いところだと思っていたけど、ここはみんな元気がよくて明るいところだな。自分が考えていた障害のある子どもが通うところと違う」、そして、「ここは誰が職員だか親だかわかんないし、なんか不思議な環境だな」と思いました。ちょうど船木さんの子どもが同級生で、一緒の時期に入ったんです。そのうちに、お父さんたちもやっぱり知り合いになって、横のつながりが必要だと思いました。それでお付き合いしているうちに、そのままパパの会が立ちあがりました。パパの会は、今も毎週末（土曜日）に集まってますけど、その集まりの最初だったんですよね。

北川：竹内さんは初代パパの会会長ですよね。

竹内：集まっているうちに、そうか、同じ境遇のお父さん方がこんなにいるんだというところで、逆にすごい勇気づけられたんですよね。それで、じゃあそのあとは、今度は子どものためにどういうふうにやっていったらいいのか、将来働く場所はどうするんだとか、いろんなことを話し合うようになった経緯がありました。

北川：初めはこんなところ来たくないなと思ったんですけど、むぎのこに来て療育に入ってみたら、なんか元気だなと、ふつうに子どもたちも遊んでるし、かわいいなって思ってくれたんですね。ありがとうございます。

船木さんのお父さんは、最初に来た日、ちょっと私記憶にあるんですよね。ケンヤ君をすごくかわいがっていた印象がありました。当時は遠くに住んでいましたよね。

船木：ええ。

写真 8-2　働き者のケンヤ君（右から 2 人目）と仲間たち

北川：昨日も大雪が降りましたけど、ケンヤ君、毎朝地域の除雪をしてくれているんですよね。ちっちゃいときからお父さんが手ほどきしてたんですね。何歳になりましたか。

船木：二月で二十五歳になります。

北川：すごく働き者に育ちました。お父さんはいつも我が子だけではなく、他の子の後ろにいて応援してくれています。先日もセンターの園庭の砂を大学生の卒園児たちと一緒に運んでくれてました。ここで育ったケンヤ君が、大きくなって幼児の子どものために園庭に砂場をつくるために、雨の中で必死に働いてくれるように育ちました。また写真（8－2）にあるペンキ塗りしてくれるとか、小さいときそんなふうに育つとは思いませんでしたよね。

船木：自閉症ではないかと言われたのは、二歳児健診のときで私も覗きに行ったんでが、どうも言葉も遅くて、とにかくうちの子だけがまるっきり異次元の感じで、あきらかに他の子と違う行動をすることがある。「これはちょっとおかしいぞ」。そこで初めて一般の子どもたちと比べてもあきらかに違うということに愕然《がくぜん》としまして、どうしたらいいか、地元のいろんな先生方にもご相談して、とりあえず札幌に行って、むぎのこというところがあるということで見学させていただきました。

さっき竹内さんから、職員の杉山さんの名前が出てましたけど、私がむぎのこに初めて来たときはちょうど誕生会で、「たんたんたんたん、たんじょうび〜」（『たんじょうび（たんたん誕生日』）をやっていたところ、杉山さんが子どもを抱きあげていました。そのときの杉山さんを見て、すごいかっこいい男の人だと思ったんです。その一生懸命な姿に、私のこれまでの人生経験から、「こんなところ他にはない。もうここにお願いするしかないんだ」と思いました。

北川：お父さんの気持ち、初めて聞きましたね。杉山さんすごい活躍だったんですね。

船木：いや、本当。杉山さん、そのときも輝いていて、頼りがいがありそうで、本当にかっこよかったもの。

北川：今日もむぎのこの職員に、お父さんお母さんが我が子をどんなふうに受け止めていったらいいかわからないときに、やっぱり職員が一生懸命かわいがってくれるっていうその姿を見るだけで、「ああ、この子、いいんだ」って、すごく安心するんだよと話をしてたんです。実際うちの職員がそこに並んでいますけど、どの職員も一生懸命で、「雪かきして。今日子どもたちが来るから」って言ったら、みんな外に出て三階に誰もいなくなるとか、子どもたちのために本当に一生懸命働いてくれています。

ここにいるお父さん二人ともそうだったんですね。我が子が多動でどうしようかと思っていたときに、杉山さんの一生懸命な姿に心を打たれて、ここでがんばっていこうって思ったんですね。職員の側から見ても励まされるお話をありがとうございました。

じゃあ、山之内さん、お願いできますか。

山之内：私は上の子が三歳になる前に、むぎのこさんにお世話になりました。その前いろいろ、たとえばミニカーとかタイヤを回して遊ぶとか、そういう自閉症的な行動が見られて、ちょっと変わってるなっていうのがあって、むぎのこさんにお世話になってます。

北川：山之内さんはむぎのこに来たいと思ってたんですか。否定的な気持ちはありましたか。幼稚園に行かせたいなとか。

山之内：うーん、あんまりそういうふうには思わなかったですね。

北川：ここでがんばっていこうって思ったんですね。山之内さんは当時公務員でしたよね。

山之内：はい、そうですね。ふつうの幼稚園に行かせたいとかっていうのは、私は特段思ってなかったです。

北川：山之内さんのお子さんはわりと高機能タイプの知的に高い自閉のお子さんですね。

山之内：はい。

北川：武田先生、まずここまで、入り口のところのお父さんたちの思いを今聞かせていただいたんですけど、いかがでしょうか。

武田：北川園長の質問にもありましたけど、それぞれのお父さんは、我が子が他の子と同様に幼稚園とか保育園とかに行って、それから小学校へ行って中学校、そういう子どもと家族の人生の流れを誰でも思っているわけです。けれども、そこである日突然、発達障害、自閉症とか告知されると、奥さんの方がまず相当動揺したんじゃないかと思いますけれども、お父さんも父親として、夫として、これからどのように家族を支えていくかというか、導いていくかっていうことが父親の役割の一つとしての思いがあったかと思うんですよね。その時点でもそうですが、それから先ずっと長い親子の人生がありますので、今もこうやって支えてきていただいていると思うんですけれども、本当にある意味、みなさんも私たちもみんなそうですけれども、今まではマジョリティ、ふつうの人として生きてきたのに、我が子に発達の特性があるとか、発達の障害があるっていうことになって、今度はふつうじゃないのかっていうことで、マイノリティの方に思いがいくわけですね。ただ、竹内さんのように、我が子はどうなるんだろうと思っていたのに、「たんたんたんたん、たんじょうび～」とか、そういうふうに杉山さんがやってくれて、我が子を他の子と同様にちゃんと屈託なく見てくれた。むぎのこの職員みんなそうですけれども、障害児だからとかいうことじゃなくて、一人の子どもとして、みんな付き合っていくということがベースにあります。

でも、発達の特性があって、障害とか言われて、そのことをすんなり今でも受け入れられているかどうかは、それぞれ個人差があると思うんですけれども、子どもたちがもう二十歳を過ぎて、それぞれに成長してきて、それなりの子どもの人生に先が見えてくると、変な言い方ですけど、これからどのような将来があるかということが、少しずつ明らかになってくる。そういう意味では、子どもっていうよりは、その人の人生となっていくわけですけれども、要するに我が子を父親としてどのように受け入れていくか、それからその子を前向きな人生であるようにどう支えていくか、そんなことが少しうかがえたかと思います。

北川：武田先生、ありがとうございました。そしてむぎのこでスタートを切ってから、きょうだいも生まれて一緒に育っていく中で、竹内さんのところはお姉ちゃんが不登校になったりとか、家族は簡単に幸せに近づかないというか、なかなか家族が笑顔になれないようなことが起きてしまうことがありますね。

船木さんのところのケンヤ君は、中学生のときかなり荒れましたよね。そのとき、お父さんはどんな気持ちだったんですか。

船木：荒れたっていうと。

北川：お母さんがよく言っていたんですけど、服を全部破っちゃうみたいな行動が出たり、ちょっと火をつけたりとか。

船木：そうですね、中学生ぐらいが一番ひどかったのかな。着てる服なんかビリビリ破くっていうのと、あともう一つ、今だからもう白状すると、たぶん私が原因だったんだろうと思うんですけど、口いっぱいに唾をためて、もうためるだけためて、どっかでベシャって吐くんですね。それが私としてはもうどうしても許せなくて、お店の中ではさすがにしなかったけど、出てから玄関先でベシャってやったりだとか。一番困ったのが、あるデパートのような家電量販店で、「ちょっと待っててね」って、下の子どもたちと何を買うかって言いながら選んでいる最中に、赤ちゃんの休憩室で休んでいた赤ちゃんの靴の中にベシャって唾吐いちゃったんです。ちょっと目を離した隙だったんですけど、そしたらそのお母さんがですね、「この子の保護者はあなたですか?」、「こんな靴履けんやろ、どないしてくれんのや!」みたいな、もうすごい剣幕で散々怒られてですね、トラウマになるぐらいのことがあって、よけいそういう唾をためて吐くのが、どうしても許せなくて。だけどケンヤがそういうふうになったのって、たぶんその前に、うんちを漏らしたかなんかのときに、私はそういうのがどうしても許せなくて、ついついガッツリ怒ったことがあるんですね。その当時、私としては、そういう子どもにしつけをしていかなきゃならないのが親の責任だろうと、親がきっちり教えてやらなきゃならないというように凝り固まっていまして、だから、「どうしてこんなことしちゃうんだ！」と何度かガッツリ怒った記憶もあるし、それはもう本当に怒りました。でも、そんなことをするると、ますます子どもは意地を張るっていうか、物を言えない子どもは抵抗するのか、脳が委縮しちゃうのか、頭ごなしに怒っても絶対によくならないっていうのはもう身に染みてわかりましたですね。

中学校を卒業するぐらいまで、たしかにいろんなことがあって、ずっとうちで一緒に住んでたんですけど、そのあたりから、平日はむぎのこの方で預かってもらって、休みの日だけ帰ってくるっていうような生活パターンに変えてみました。ちょっと私と距離をとって平日はむぎのこの職員の方にお世話になる。そうこうしているうちに徐々にですが問題行動も収まってきました。そういうふうに人に頼れるところは頼ってしまうのも正解なのかなって思いました。

北川：船木さん、本当に大変だった思いをそのまま話してくださってありがとうございます。私はお父さんの責任ではないと思うんですけれども、やっぱり、お父さんはお父さんですごい心配して、この子が唾をためて他の人にかけたりしたらどうなるんだろうとか、排泄が自立しなかったら将来どうなるんだろうとか、それをきちんとしつけなくちゃいけないって、一生懸命されたんだと思います。子育てって完璧にできないので、失敗しながらなんですけども、私たちが、「お父さん少し離れた方がいいかもね」っていうところを、お父さんが受け入れてくれたのがよかったなと思います。

一時期だけ、下の子も少し発達障害があることがわかったり、不登校になったりして、家族が大変だったこともありましたよね。そのとき、林間学校に行くように入所施設に何カ月かケンヤ君がお世話になりましたが、それも一つの方法だと思うんですよ。施設にお願いしたことがダメだっていうんじゃなくて、入所も含めていろんなサービスを使いながら、子どもを育てていくことが大切ですね。スウェーデンのお父さんたちも、一般の家庭より大変なことは、ショートステイやホームヘルパーを使って当たり前と仰っていました。

私は犬の散歩を毎日していますが、船木さんの息子さんに会うんですよ。雪が降ってると、雪かきを親子二人でしているんですよ。朝の五時半とか六時ですよね。こういうふうに成長するとは、小さいときには想像できませんでしたね、お父さん。

船木：幸いにしてうちのケンヤは、なんか人の役に立ちたいという意識はすごくあると私は思ってるんですよね。これ手伝ってって言ったらもう、「はい、はい、はい、はい」。とにかく人の役に立つことをやることに生きがいを感じているというふうに私は思っているんで、そうなってくれてよかったなと本当に思います。

北川：こんなふうに自分の行いが人の役に立つっていうのはすごいことですよね。仕事っていうのは、人の役に立ったり、人が幸せになるためにしてるわけですけど、障害があってもそれはできるんだっていう、人としてすばらしい人生が歩めるんだっていうことを、ケンヤ君は教えてくれたと思います。ただ小さいときは、全然そういうことになるなんて思えなくて、障害があったら、迷惑をかけたり、一生手が必要とか、目が離せられないんじゃないか、親が亡くなったあとが心配とかね、そういうことをずっと考えていたんではないかと思います。本当に人としての育ちっていうのは、障害があってもなくても同じく育つということをケンヤ君は教えてくれたと思います。

竹内さんのところはお姉ちゃんが東京で立派に働いているんですけど、途中不登校になりましたよね。障害児がいると、どうしても障害がある子どもの方に手をかけてしまい、下の子たちが困り感を持ってしまう場合がありますので、いろんなことがあるんですよね。

竹内：そうですね、小学校、中学校、高校と、最初まったく行けなかったんですよね。高校も一カ月ぐらい行けなくて、中学校も同じくらい行けなかったんですけど、ちょっとしたきっかけで友だちができたりして、行くようになるんですけども、必ず新しいことが始まる前っていうのは不安で不安でなかなか行けなかったですね。

北川：そうですよね。そのたびにむぎのこにお母さんと一緒についてきましたね。そして、またエネルギーがたまったら学校に戻るって感じでしたね。そういうふうに不登校が多かったお姉ちゃんですが、東京の大学に行って今東京で働いているっていう、本当にそのときは子どもは悪くないけれど、親は最悪って思いますよね。

竹内：はい。やっぱり何やってんだって気持ちもありますし。

北川：何やってるんだってね。

竹内：早く行きなさいとかっていうね、親としてはやっぱりそういう気持ちが強かったですかね。

北川：そうですよね。まあでもなんとか、いつもむぎのこに来てた「お姉ちゃんのサリーちゃん」って感じで。

竹内：そうですね、小さいときからずっと一緒に、うちの息子と一緒に来たりしてました。お姉ちゃんも支えられました。家族みんなですね。

北川：山之内さんのところはすごくがんばり屋さんの息子さんですよね。

山之内：そうですね、うちの子どもは、六年生になる前、不登校になりました。

北川：それからずーっと学校を休んでたんですけど、最後の中三ぐらいで学校に行き始めたんですよね。

山之内：そうですね。

北川：そこがちょっとがんばり過ぎたっていうこともあるのかなと思うんですけど、高校に入ってから精神的に不安定になって入院していましたね。今どんな感じですか。

山之内：今はチェリーブロッサムっていう中高生のデイサービスに放課後行っていて、リハビリしているんですけど、十二月に退院してだいたい一カ月ぐらいたちます。先ほど園長が言ったように、中学と高校のときにがんばり過ぎたっていうのと、子どもが、「休みたい」って言ったのに親が、「行かせたい」と思ったんです。親としてもなんていうか、子どもの状態がちょっとわかんなかったっていうのはあります。

北川：山之内さんの息子さんはＩＱが高くて、たぶん英検2級をとろうっていうぐらいがんばってて、本当にいい大学にも行けたくらい、もちろんこれからも行ける可能性はありますけど、そんなアスペルガータイプの子どもだったんですけど、この先どうしたらいいんだろうっていうときに、フィンランドに行ったんですよね。

山之内：はい。そうですね。

北川：どうでしたか、フィンランド。私たち職員とみんなで一緒に行ったんですけど。

山之内：はい。有名な先生に、自分の息子が今精神的に苦しくなって入院していて、入院中は毎日少しでも息子のところに行ってたんですけども、どうしたらいいでしょうねっていう話をしたら、「そういうようなことを繰り返してそばにいてあげてください」というような助言をいただいて、これからもそばにいて、少しでも早く回復できるように努めたいなと思います。

北川：発達障害のお子さんが二次的に精神疾患を持ちやすいという敏感さがあるとお医者様も言われています。フィンランドのタンミネン先生（Tuula Tamminen：フィンランド・タンペレ大学教授）という世界的に有名な児童精神科医の先生と、むぎのこのグループカウンセリングのようにお話する機会があって、お父さんには、「どんな状況にあってもやさしくしてあげてくださいね。それが回復への道ですよ」って言ってくれました。

むぎのこの子どもは小さなときもそうですが、成長しても心が繊細な子が多いので、いろんなことが起きるかもしれない。でも、どんなことがあっても、やっぱりやさしくしてあげる人間関係だったり、それからやさしい社会だったり、そういうことが一番子どもたちには必要だって感じました。病気や発達障害や自閉症は治らないかもしれないけれども、その人なりに安心して暮らせる道につながると、タンミネン先生の話を聞いてあらためて思いました。お父さんはどんな感じでしたか。

山之内：そうですね、私もそう思いとても励まされました。息子も自分もタンミネン先生に肯定された感じがしました。

北川：時間も最後の方になりました。船木さん、あらためて障害児がいる家族の一員として、お母さんと出会って、ケンヤ君が生まれて自閉症だっていう人生を振り返ってみて、どうでしたか。ちょっとむずかしい質問かもしれませんけれども。

船木：さっきも言ったとおり、うちの子どもが自閉症だと診断されたとき、もう愕然としてどうしたらいいか、もうできることはなんでもしなきゃっていうところでしたね。その当時は、住んでいた市内の公園という公園を自転車に子どもを乗っけて走り回り、とにかく子どもと関わらなければということで、休みの日はあちこち連れ回したこともありました。その後縁あってこちらでいろいろお世話になって、いろんな問題行動があったりしたんですけれど、今はもう相当落ち着いて、問題のある行動とかもほぼありませんし、最終的には安心してっていうか、穏やかに、ときどき笑顔で笑いながら暮らせたらいいんだろうなっというところです。もちろん親の方が必ず先に亡くなるものなので、その後どうなるのかなっていう不安はたしかにあるんですけど、現状はちゃんと穏やかに、思ったよりは落ち着いて、人に迷惑もかけることなくちゃんと育っておりますので、先のことはさて置いてですけど、現状はこれでよしなんだろうというふうに私は思っております。

北川：竹内さんはどうですか。

竹内：そうですね、三歳半で来て、そのときに号泣してですね、それからは私も泣いてないんですけどね、そのときにもう全部、これから前向きに生きようってことでリセットしました。

私は、十四年前に脱サラしまして、麦の子会に入り、今はファミリーホームっていう里親さんのちょっと大きいようなグループホームで、子ども六人を養育してるんですけど、その前にまず里親になったんですよね。そして重度の自閉症の男の子が来て、その子がうちの自閉症の息子とコラボして大丈夫なのかなと思って心配していたら、そのとき里子は六歳ぐらいだったんですけど、そばに来て、「ご飯くれ、ご飯くれ」って言ったら、うちのケンタがご飯を食べさせてあげてるんですよね。こんなことあるんだなって思いました。だから最初に里子が来てどうなるのかなと思った気持ちがそこでふっ飛んで、「ああ、こういう生活もあるんだな」、「これでなんかお互い成長するんじゃないかな」っていうような思いになりました。

北川：むぎのこは障害があるからといって、以前オスロ市長のセーボネスさんから「障害のある人を街の真ん中に」と教えていただいたように、本当に当たり前に、街の中にふつうに住むということが大事じゃないかっていうことで、二人とも今グループホームに住んで、それぞれの暮らしを楽しんでいます。山之内さんは公務員だったんですけど、今はグループホームで成人期の人たちを支えてくれています。船木さんは自閉症の長男を育てて、今はダウン症の男の子を里子として育ててくれています。我が子が障害児であったことをきっかけに、みんなの幸せをつくる側に立ってくれています。

また、むぎのこにはシングルマザーも多いので、ほとんど男の子のお母さんはシングルマザーなんですよね。でも、大学生くらいになると、やっぱりお父さんがいないことに対しての甘えだとか、そういうのがちょっと出てきて、そんなとき船木さんのお父さんは、親方のようにみんなのお父さんになって、男の子たちを育ててくれています。我が子に障害のあることで本当にショックを受けて絶望的になったときから、我が子だけではなく、いろんな子どもたちの幸せのために生きている姿に胸が熱くなります。

あきらめる必要がないことはあきらめないで、助けを借りて、楽しんで暮らしていくっていうことが大事じゃないかと思います。

最後に武田先生、まとめをお願いします。

武田：三人のお父さん、どうもありがとうございました。私は園長ほどいろいろ以前のことを知らないので、今日初めて聞くことが多かったんですけれども、ここにお集まりのお父さんたちは、まだ幼児期、学童期のお子さんもいらっしゃるかもしれませんけど、そういう子どもを育てていると、どちらかというと、「なんとかしなくちゃ」とか、この子の将来のために「今このことはした方がいい」とか、もちろんそういうことはありますけれども、かなりがんばって、ちょっと力んで何かをしようということがどうしてもあるかと思うんですね。ですが、今日のお三方のお父さんたちのお話を聞くと、私が聞いている限りでは結構肩の力が抜けて、今子どもと一緒に生活していることについて、ある意味ちゃんと、「これでいいんだ」、「これが日常なんだ」ということで、お話をしていただけたかと思います。そういう意味では、それぞれどのお子さんもそうですけど、やっぱり子どもは、「自分は自分でいいんだ」っていう思いで、自信を持って育つということが本当に大事なことなんですね。

では、その自己肯定感はどうやって育てるかっていうことなんですけれども、これは親が言って聞かせて、「お前はお前でいいんだ」って言っていても、そうは簡単にいかないんですね。三人のお父さんのお話を聞いていても、どこかで子どもの成長をたしかに楽しんで

写真 8-3　お父さんの出番です（2019 年 1 月）

るっていうか、これでよかったという思いがあるわけです。やっぱり親が子どもの存在で心を満たされる、こういうことが子どもにとって、「自分は自分でいいんだ」、そういうふうに思えることなんですね。ですから、お父さんたち、今日はお母さんもいらっしゃってますけれども、できるなら力を抜いて、言葉もない子の中には便コネをする子もいたりとか、お母さんは大変な思いをしてますけれども、たしかに子どものいろんな問題となる行動はあるんですけど、その子どもなりに、その一つひとつに意味があると私は思っています。

父親として、普段はお子さんと関わる時間が少ないかもしれませんけれど、少なくとも母親の支えとなって、そして時間があれば子どもと遊んでちょっと楽しかった、すごく楽しかったとか、そういうことが子どもにとって心の栄養になってゆく、そんなかたちで、また今日から子どもたちの育ちに協力してあげてください。

北川：武田先生、ありがとうございました。子育てにはいろいろありますけれども、子どもの存在が、「生まれてきてよかったんだよ」っていう、そういう子育てをどの子どもにもしてあげたいなって思います。

子育てが大変なときもあります。大変なときは横にも後ろにも応援団の先生方がたくさんいますので、ぜひ一緒に子育てして、助け合いながら大切な子どもをみんなで育てていければと思います。これからもお父さんたちにはお世話になることがいっぱいあると思いますけれども、よろしくお願いします。

三人のお父さん、今日は本当にありがとうございました。

column

コラム5

いつも子どもに寄り添って

里親ファミリーホームに関わって

竹内　透

麦の子会が運営する法人型ファミリーホームは、ガブリエルホームが二〇一一年七月、ベーテルホームが二〇一五年九月に開設しました。法人の職員である夫婦と補助者、夜間支援員の体制で運営しています。それぞれ開設前から里親として複数の里子と暮らしていて、開設してからは、六人の子どもたちと生活しています。子どもの年齢幅が広く、また療育手帳を持っている子どもも多く、むぎのこのデイサービスや地域の学校と連携しています。

私自身子どもが三歳半のときに発達の遅れが見られて、保健所の紹介でむぎのこと出会いました。なんで障害児の施設にわが子が通所しなければならないんだと思っていましたが、あとで考えると恥ずかしい気持ちになりました。子どものためには、一日でも早く療育を受けなければならないのに、それが子どもにとって最善のことなのに、自分の認めたくないという気持ちだけが優先してしまって、今は子どもに申し訳ない気持ちでいっぱいです。静療院（現札幌市子ども発達支援総合センター・ちくたく）で自閉症と診断されたときは、絶望の淵に立たされた心境で独り号泣したこともありましたが、この事実に向き合っていかなければ何も進まない、これからは、笑顔で育てていこうと決めました（210頁）。

それからは、むぎのこの行事に積極的に参加してパパの会会長もさせていただきました。毎週末のパパミーティングでは、最初は遠慮がちのお父さんも徐々に集まり、子どもの将来の進学や就職先の話までするようになりました。そのお父さんたちは二十年以上経った今も関わったり、職員になったりしてむぎのこの子どもたちとも関わってくれています。

そうして月日が過ぎて、子どもも小学生の高学年になったころ里親の話が出ました。北川園長や古家先生をはじめ、ベテランの職員はすでに里親登録をして子どもを養育していました。話があったときは、子どもを預かって育てるという責任の重さと不安を感じていましたが、妻が先に里親登録をしました。少しして小学生の男の子が我が家にやってきて、初めて里子との生活が始まりました。数カ月という短い期間でしたが、里子との生活がどのようなものか理解できました。実子ともコミュニケーションをとっている姿にも感動しました。

次に五歳の男の子がやってきました。この子は、自閉症で言葉も出ていなくて、多動で抱っこをしているときに急にかじったりすることもありました。それでもかわいくて笑顔を見るとこちらも笑顔になるくらいでした。実子も中学生になり成長しましたが同じ自閉症の里子との関わりを心配していたところ、つかず離れずといった感じでうまく生活できていました。あるとき、実子に里子がご飯をおねだりする場面があり、「しょうがないな」と小声で言いながら、実子がご飯を食べさせてあげている場面を見ました。とても感動的で本当のきょうだいのような関わりを間近で見て、実子も成長していると実感しました。里親をやってよかったと思えた瞬間でした。その後もう一人の男の子がやってきました。小学四年生で自閉症の男の子です。二人の障害のある子を育てながら賑やかな生活になりました。

それからしばらくして、法人でファミリーホームを始めることになりました。最初は、別の職員が始める予定でしたが、場所や建物の関係で断念しましたところへ、私たち夫婦に話がきました。家を売って新たに土地を買ってファミリーホーム用に建設するということでした。

六人の子どもを養育することになり、責任重大で不安ばかりが先行してなかなか心の準備ができませんでした。しかし社会的養護の必要な子どもがたくさんいることも里親になってからわかりましたし、親の虐待や育児放棄（ネグレクト）、病気などで面倒を見られない子を見てあげなければという気持ちが強くなり決心しました。

六人の子どもを育てるということは、大変なことですが、法人立であるので何かあれば助けてもらえるという安心感もありました。実際子どもが落ち着かなくなり暴力が出たときなど、すぐにスタッフに来てもらい子どもが落ち着き私たちも安心しました。

現在も六人の子どもと生活していますが、いろいろなことがあります。学校の行事や病気で病院に受診したり、年齢幅もありますのでその子に合った関わりが必要になります。それでも私たち夫婦と補助者二人、夜間支援の大学生も三人交替で入ってもらっているので、安心して生活ができています。

今までの生活の中で特に印象に残ったことは、中学生から来た女の子の高校卒業までの道のりです。発達障害の彼女は、中学三年生のときに高校に行きたいと宣言しました。北星余市高校に先輩が行ったことで、自分も行ってがんばりたいという気持ちになったようです。

面接試験で合格し高校生活が始まりました。しかし入学してからは、友だちができない、学校生活の不安もあり不登校気味になりました。そんなときは、「自分で行きたいと決めたのだから応援するよ」と言って、学校まで車で送迎しました。あるときは、車から降りずにしばらく玄関前で待機して、同級生や生徒会の方が話しかけてくれたりしてなんとか教室に行くことができたこともありました。

それでも一年生の夏休みが終わるころには、学校が楽しくなって毎日朝早くホームを出て自力で登校するまでになりました。進級のときには、私たちも応援してテストを何度も受けて進級することができました。彼女のここ一番の集中力は、すごいものがありました。

そしていよいよ三年生の卒業間近になりました。再試験も最後まで集中して行ってきましたが、卒業の数日前にうまくいかないことで自棄になり、学校をやめると言い出しました。私たちもここまできてやめさせるわけにはいきません。最後まで勉強を教えて最後の試験で合格することができました。このときは、今までにない喜びと感動で涙が出そうになりました。「三年で高校を卒業できた。それも普通高校を」。

この出来事があってからは、その後の里子の卒業にも力が入りました。最後まであきらめない姿勢を北川園長から教えてもらい、自分自身もあきらめそうになることがしばしばありましたが、最後までやり遂げなければという気持ちが一層強くなりました。

子どもたちは、ホームを出ても地域で会うと声をかけてきたり、遊びに来たりして実家的な存在です。私たち夫婦も大家族でたくさんの子どもたちの親という感覚です。実際ファミリーホームのみならず、多くの子どもたちと接する中で、地域であいさつしたり声をかけたりすることが毎日ありますので、みんなのお父さん的な感覚になります。二十年前に北川園長から言われた、「みんなのお父さんになって」という言葉を実感しているところです。

麦の子会で運営しているファミリーホームですが、自分の家で子どもたちを迎え入れて生活し養育していますので、他の里親やファミリーホームと変わらないです。法人立ということでさらに安心感が増しています。むずかしい子どもを受け入れる傾向がありますが、問題が起きても法人間の連携や支援会議などで解決していくことができます。私たちに任された大切な子どもたちですので、この子たちが幸せになってほしいと思い日々養育しています。

第三部

一人の子どもを育てるには、村中の大人の知恵と力と愛と笑顔が必要

第九章　一人ひとりの存在が肯定《リスペクト》されるインクルーシブな社会に

一　どんな状況で生まれても命を大切にし、みんなで子どもを育てていく

一人ひとりがすばらしい存在

子どもはどんな親のもとに生まれるか、障害があるとかないとか、男女の性別も含めて、自分の生まれてくる状況を選択できるわけではありません。しかし、子どもがどんな状況で生まれても、尊い命として大切にして、子どもをみんなで育てていく社会が求められます。

それにはアフリカのことわざ「一人の子どもを育てるには、村中の知恵と力と愛と笑顔が必要」のように、一人の大切な命を育てていくためには、子どもをその家族だけではなく、みんなで手をつないで温かく育んでいくことが大切だと思うのです。

子育てはたくさんの人との横の連携が必要な営みです。終わってみるとあっという間に感じますが、実は二十年以上にもわたる長丁場であり、子どもの成長・発達に伴って支援の質はず

いぶん変わってきます。子どもの困り感も、親の困り感も幼児期と思春期とでは質が変わってくるわけです。ですから、子育てにはもう一つ、子どもが成長するライフステージを見通した縦のつながりや連携も必要なのです。

そして、障害があるということは、障害がない人に比べて生きていく困り感を多く抱えていて、地域でふつうに生きるためにはよりサポートが必要であるということです。心の面からも障害のある子どもたちが地域で生きるということを考えたとき、障害のあることを否定するのではなく、そのままですばらしい存在であるという存在肯定の価値観の広がりと、多様性を尊重する地域づくりが必要になってきます。

なぜなら、困り感のある人は、この地球にみんなで一緒に生きていくときに必ず存在しているからです。いつ誰がそうなるかもわかりません。高齢化によって困り感が高くなります。あるいは若くして病気になる人もいます。その結果、悲しむ家族も生まれ、心のサポートも必要になってくるわけです。

人間という営みをさせてもらっている中で、誰も自分の困り感を選べません。この地球上では、世界でも、日本でも、困り感のある人たちの存在は特別なことではなく自然なこと、当たり前のことなのです。

でも、私たちは高度経済成長の時代、優れたものをよしとする価値観のもとで、ものの考え方、価値基準が間違った方向に行ってしまったのかもしれません。学校の成績を例にとると、中学三年生の成績はその序列で子どもの価値を決めてしまうほどすごいものがあります。でもよく考えてみたら、成績は十五歳の一面に過ぎないのに、成績が優秀であることがすばらしいことだという価値観を子どもは取り込んでしまいます。

スポーツもそうです。競い合って努力するのは大切なことですが、勝利至上主義では困ります。子どもは大人の価値観を早期から取り込み、そこから外れたときになんの準備もないまま社会に放り出され、心の病理を持ってしまう。そんな青年たちもいます。

スポーツも勉強も楽しいこと、自分にとって大切でやりたいこと、ということを忘れてしまうと、この優秀さを求める価値観のもとでは、残念ながら勉強もスポーツも嫌いになってしまう子どもが出てくるわけです。そういった意味において、最近テストなどで計測できる学力などの認知能力だけではなく、社会的情緒スキル・自信・共感力・多様性への寛容・相互理解など、非認知能力の大切さも言われるようになったことは大変うれしいことです。

今後は今までのように繁栄だけがすべてではない、一人ひとりの生き方が問われる時代になるかもしれません。

学ぶことの喜び

学ぶことは生涯にわたる社会教育であり、スポーツだってドイツのコミュニティでは、地域に体育館やプールがあって誰もが一生楽しめることとして地域に位置づけられています。そして、それが成人病や認知症の予防にもなっています。勉強だって成人になってからでも、意欲があれば学べます。私も四十歳を過ぎてから大学院で学ぶことができました。それは楽しかったです。アメリカの大学院でしたので基礎学力は必要でしたが、入学はそれほど大変ではありませんでした。しかし、毎週の課題、専門書を週二、三冊読み、レポート課題を仕上げなければならないハードなものでした。実習時間は三百時間を超えていました。それでもやっていけたのは、まわりに助けられたことはもちろんですが、積極的に学ぼうとする意欲と結果をとても重視する学校だったからです。とにかく質問しても意見を言っても、「グッド・クエスチョン（いいですね）」とアメリカ人の先生は必ずほめてくれました。最初ははにかんでいた日本人の学生たちも、途中から慣れてきてみなさんとても積極的でした。日本にあるアメリカの大学院でしたが、文化が変われば成績のつけ方や評価の観点がまったく違うということに驚いた経験でした。

勉強もスポーツもそんなに得意と自分では思えない子どもたちも、自己肯定感を持って学ぶことや体を動かすことの喜びを感じていく機会がなければ、将来の日本にとっても大きな損失につながります。少子化が進むこれからの日本を考えるとき、統計学の外れ値の子どもたちも含めて、みんなが尊いすばらしい存在であるということを考えて社会をつくっていく観点が必要です。なにも少子化だからではなく、一人ひとりの子どもや大人すべての人を大切にするということは、私たちが忘れかけている価値観であり、人間が共生社会をつくっていくうえで当たり前のことなのかもしれません。

悩みは同じ

先日、現役の東大生のグループがむぎのこを見学に来ました。むぎのこを卒業した青年たちとの交流の中で、今どう生きていくべきかという不安感やこれからどう生きていこうかという悩みは、むぎのこの青年たちの持つ悩みと共通するものがあり、東大に入学できるほどの学力の高い学生ばかりなのに不思議な感じがしました。彼らも同じく自分の人生に対する不安や戸惑いと正直に向かい合っていたのです。これまでの自分たちが歩んできた道、そしてゆっくりとした障害のある人たちの生きざまから、何かを感じようとする若者の姿がそこにはありました。

東大生の中に車いすを使っている方、聞こえが不自由な方が二人いました。彼らは身体障害者手帳を持っていましたが、そのとき参加したむぎのこを卒業した青年たちのほとんども療育手帳を持っていました。それで自己紹介のとき、手帳を持っていることが、まるでステータスでもあるかのように、「僕は手帳を持っています」とみんながカミングアウトし合って楽しそうに話していたのは不思議な光景でした。

二　インクルーシブなコミュニティの再構築

私たちは何でつながっているのか

高度経済成長の中でかつての地縁・血縁的なコミュニティから核家族化が進み、地域に長く住んでいる方が減り、転入・転出も増加し、都会では人口が増えてもコミュニティの人間関係の希薄化が加速しています。地方では過疎化・高齢化が進み、かつては田植えの時期などは地域総出で協力し合った伝統的なつながりは希薄になってきて、地域のお祭りや伝統文化、ひいては村そのものが消滅するところ（限界集落）も出てきています。

かつてのつながりは、村で暮らす人たちを守り利益を共有するという側面があったかもしれません。そこでは地域の規範に対する束縛が強く、その中で生きていくには常に集団の利益が優先され、個人が尊重されず苦しく感じることも多かったと思います。三世代で子育て、助け合いなどのいい点もありましたが、人権の尊重という点においては、個人が抱える課題や苦悩も大きかったのではないかと思います。

八十五歳になる私の母も若いころ、「田舎には住みたくないから、中都市であるここに家を建てたのよ。子どもにはわからない田舎のしがらみがあるのよ」と言っていたことを思い出します。私は、母の実家に行くと親戚がたくさんいて、毎日いとこたちと遊んだ楽しい思い出がたくさんありますが、母はその家の長女だからこそのいろいろなプレッシャーがあったのかもしれません。

母がプレッシャーを受けたこのような日本の伝統的な地縁・血縁の共同体は、今の日本にはなくなりつつあるのではないでしょうか。核家族化が進み、地域社会のつながりが希薄になったことにより、虐待問題を筆頭としたさまざまな子育ての問題が生じてきてしまいました。精神科医の斎藤学先生は、一九九二年の時点で「児童虐待というのは、近代核家族の問題であるという認識を、しっかりと持つべきだ」（斎藤、一九九二）と言っています。児童虐待の問題は地縁・血縁による援助を失った家族に生じている家族病理であるという視点を持つべきだというのです。

現代の日本社会で、人が育つということ考えるときに、昨今の子どもや家族の困り感から、核家族だけでは子育てすることはもはや困難な状況であることは明白になってきています。子育てがこれだけむずかしくなり、問題が起きているこのような状況で、人が育つための新たな地域共同体の再構築が必要だと思います。それは、以前の村のつながりが、村の利益の共有が中心であったことに対して、人間関係を重視するやさしいインクルーシブな新しい共同体ではないでしょうか。

むぎのこの共同体――むぎのこ村の誕生へ

新たな共同体としてさまざまなかたちが考えられると思いますが、ここでは私たちがむぎのこでつくってきた共同体について考えてみたいと思います。

私たちはなんでつながっているのか。それを考えてみたときに、以前、斎藤学先生が講演で語っていた「問題縁」かもしれないと思いました（斎藤、二〇〇六）。「問題縁」とは、問題によってつながり合う関係やネットワークのことです。「問題縁」は、これまでの地縁・血縁ではなく第三のつながり・地域ともいわれています。「問題縁」というとネガティブに聞こえますが、ネガティブなつながり方ではなく、自分に気づき、自己を語り、弱さも肯定され、そこで生きる力を育み、地域に居場所をつくっていく営みであり、新しい絆のことです。

むぎのこは、心理カウンセリング文化をベースとして、子どものことや子育ての悩み、家族の悩み、自分自身の悩みを通して、つながり合い、助け合う中で人の輪が広がっていく、前向きに助け合わないと子育てできないと感じた人たちが集まって自然発生的にできた共同体といえるかもしれません。

子どもの育ちの困り感というニーズに合ったからこそ発展してきたという側面と、当事者の方々が子育てを相談し合い、助け合うために必然的につながってきた結果の両面があると思います。そのために、たくさんのお母さんたちと北欧三カ国やアメリカのバークレー、ニューヨーク、ノースカロライナを訪問したり、アジア知的障害会議に参加したりして、世界各国各地域の人を大切にすることを第一義としてつくられてきた国のシステムや支援の実際を何回も見て学んできました。

カリフォルニア州の西尾和美先生の別荘では、トラウマの癒しとして、いろいろな課題があってもがんばって生きてきた自分自身を肯定し、障害のある子どものことも肯定するワークもやっていただいたりしました。二〇一八年、イギリスのバーミンガムで開かれた世界インクルージョン大会（国際育成連盟主催世界会議）には、むぎのこの卒業生や障害のある当事者のみなさんと参加しました。そこではインクルージョンとは「理解し合うこと」、「肯定《リスペクト》し合うこと」、「友だちになること」という、障害のある方自身の発想から生まれた言葉に感動しました。この会は知的障害のある当事者の方々が、自分自身エンパワーメントされる素晴らしい大会で、むぎのこから毎回参加しています。

フィンランドで見た一人ひとりの命を輝かせるインクルージョン

むぎのこができた当初、私たちは障害のある子どもと一緒にどう生きていけばいいのかわからずにいました。しかし、障害があっても子育てに困難があっても、つながりを持って子育てをしていくことで、障害はそのままでも、弱さもいっぱい抱えているけれど、ほどほどの健康的な幸せを感じて、希望につながる営みがあることに気がつきました。

このような新しい「問題縁」や「心理カウンセリングの文化」は、むぎのこのある地域だけに必要なことではありません。子育てという領域は、本当にたくさんの人の助け合いが必要なことなのです。いいえ、子育てだけではなく、助け合いは人が生きることそのものなのです。

むぎのこでの子育て支援の実践では、地域に住む困り感のある子どもや家族にバリアはありません。しかし、現在の制度では子どもや家族の相談内容ごとに相談する場所や支援する場所が変わってしまうのです。まずはワンストップで受け止められる場、相談できる場、できれば地域の中に支援できる場があったらいいと思います。それは子どもや家族の顔が見える支援です。

フィンランドでは、子どもや家族の困り感には、地域にあるネウボラが、妊娠期から養育者の相談を受け、出産、子育てへと支援を続けます。若いお母さんで子育てがむずかしいなどのリスクがある場合は、専門的にアセスメントして、予防的に寝かせ方や母乳の与え方などを支援しています。

子育ての主体はお父さんお母さんであるので、二人で子育てができるように援助しています。発達に心配がある場合や離婚問題など、特別な支援が必要な場合は家族ネウボラを紹介されますが、子どもが通園する場所は地域の保育園が基本で、障害のある子どもも地域の保育園で特別なニーズにできるだけ対応できるように、理学療法士や人工内耳の子どもに対応できる職員、応用行動分析学（ＡＢＡ）やＴＥＡＣＣＨプログラム（注）を学んだ職員が保育園にも配置されて

（注）自閉症やコミュニケーションに障害のある子どもとその家族や関係する支援者などを対象にした包括的な療育プログラム。

いました。特別なニーズに対応しつつ、子どもの日常の保育は、ほとんど他の子どもと変わらないのです。特別な事情のない限り一日二回の散歩や外遊びが行われ、医療的なケアのある子どもにも行われていました。

子どもはネウボラにも定期的に通い、保育園だけではなく、保健師さんも赤ちゃんのころから成人期まで、地域の健康を支える継続的な支援がされているのです。その背景には、フィンランドは国土が日本と同じくらいで狭く、人口は北海道と同じ五百万人くらい、ですから、フィンランドは人が財産という考え方があります。優秀であることが目的ではなく、人を大切に育て、それぞれに自立して国のために一生懸命働いてくれる大人になることを目指していきます。だから国全体として専門家も含めて国の英知・科学を結集して、子どもを大事に育てていこうという歴史と文化があるのです。

日本と違って子育てに競争などはほとんどないようです。「他のネウボラに行きたいという要望は親から出ませんか」と聞いたところ、「どこも同じ専門教育を受けているから同じなのよ。そんなことは聞いたことがない」との返答でした。医療的ケア児や重症児の保育園でも、一人ひとりの命を輝かせていること自体が大事なことで、そこに子どもの存在意義があると担当の先生が語っていました。

フィンランドは国際的に学力が高いにもかかわらず、高校に進学する子どもは半数だけです。残りの半数は職業専門学校で仕事に就くための学びをするのです。一人ひとりが自分に合ったかたちで、社会に貢献することに優劣はないという考え方が根底にあるようです。フィンランドのタンペレに職業専門学校に進んだ学生が実習を行っているすてきなレストランがあります。日本でいえば高校生の年代の学生が、先生たちの指導で料理をつくり給仕をする姿は、一生懸命でういういしく、これから卒業していろいろなレストランで働くのだと思うと頼もしく、彼らの学びがたくさんの人のためになるんだと感じます。フィンランドのレストランでは、ほとんどの店員の方が英語を話せます。実際、学生たちもきれいな英語で上手に話してくれました。学生のときからレストランのことを学んでいる彼らは、必要があるということで英語を学んでいることを垣間《かいま》見ることができました。このように、進学して高校や大学に行く子どもだけが大切にされるのではなく、国として、必要な教育がしっかりとなされていました。

やはりどの子どもも社会のみんなの宝物です。そのために子育ても地域の中で孤育てにならないよう、大切な知見を現場に生かす専門家も専門家以外の人も当事者も、みんなで一緒に協力して支えていく営みが子育てだと思うのです。家族ではない親が育てる場合（代替養育）であっても同じです。人間はそんなに強くない、強くないから力をつけるのではなく、助け合い支え合って生き、人類の大切な営みである子育てをみんなですることが今求められる時代になってきているのではないでしょうか。子育ての原点はそんなところにあると思います。

三　地域でどの子どもも大人になるまでの支援を

地域に、子育てのどんな悩みでも気軽に相談できる場があれば、それを受け止め聞いてくれる人がいれば、そして具体的に子育てを一緒に担ってくれる人がいればどんなにいいことでしょう。

今の時代、いろいろな子育て情報があふれています。きちんと育児書で勉強して、離乳食をていねいにつくったりしているお母さんも少なくありません。一方、子育てがあまり上手にできず、これでいいのかという不安でいっぱいのお母さんもいます。どちらにしても地域で相談できる場と人材が必要です。

そもそもお母さんやお父さんたちは、誰にも教えられていないのに子育てができるはずはないのではないかと思います。中高生などもっと若いころから子育てのことは教えられるべきではないでしょうか。中高生にペアレントトレーニングを教える機会があってもいいと思うのです。

以前、大阪の高校で「命と子育て」という授業をさせていただいたことがあります。この世に生まれてきたことのすばらしさを伝え、さらに子どもをたたかないで、肯定的に育てるペアレンティングを具体的にやりながら学ぶという実習的な内容も含ませました。初めは寝ていた生徒も多かったのでが、少しずつ顔を上げて聞いてくれる生徒が増えてきて、子どもを育てることに関心を持つだけではなく、自分の育ちの振り返りになったようです。

驚いたことに、授業が終わったあと、一人の女子高生が私のところに来て、「私、今妊娠しているんです。親になる前にこの話を聞けてよかったです。たたかないで育てるようにがんばります」と伝えてくれたのです。とても感動しました。「子育ては簡単にいかないかもしれないけど、がんばってね。独りで育てないで誰かに助けてもらっていいんだよ」と親子の幸せを願わずにはいられませんでした。

人はそんなに強くはありません。高齢者の支援のシステムは少し先を行ってますが、弱さを抱えた人間が次世代の子どもたちを少しでも豊かに育てるためは、地域におけるすべての子どもと親のための包括的支援が必要な時代なのだと思います。

人はいつの時代も完璧ではない――英国の精神科医ウィニコット（Donald W. Winnicott）は、完璧ではない母親を「ほどよい母親」と言いました（ウィニコット、一九九三）。このように完璧な子育てではなくても、まずまず子どもは育つのです。でも現在は、不安が強く、正解が求められ、育児書やインターネットに頼り、できないことに罪悪感を抱いたりなど、子育てが非常に複雑になってきています。

子どもの発達ステージに沿って、子どものニーズを聞き取り、そのことをみんなで共有し、専門家も交えて、何が子どもにとって一番大切なのかを解き明かしていく作業がもっと必要です。子育てに完璧ということはありません。だから、子どもが成長して困り感を抱えたとき、気軽に相談できる場が必要なのです。

幼児期からの課題は積み重なって思春期に影響しますが、幼児期と思春期とでは表に出る行動はまったく違ってきます。そのために乳幼児期から思春期、大人への移行期と、その時期その時期にあった継続的な育ちを支える援助論と仕組みが必要なのです。

私たちむぎのこは、初めは幼児期の子どもの支援のみを行っていました。しかし、幼児期の積み重ねの上に学童期があり、思春期、移行期があります。その育ちに責任を持って臨む必要があると考えました。実際、成人期の支援まで継続的に行っていくと、乳幼児期の支援の重要性と、幼児期の支援で大切にしなければならないことが見えてきます。また思春期の子どもたちの困り感が非常に大きくなって支援の大変さも目の当たりにして、あらためて乳幼児期の子どもへの支援や家族支援の重要性を感じるのです。いつでも遅すぎるということはありません。気づきがあったときがその時です。

思春期の子どもの力はすごいものがあります。朝起こそうとしたお母さんに暴力が出たり、物を壊したり、壁に穴をあけたり、初めて遭遇する暴力の場面に、親としての自信をなくし、これまで経験したことのないつらさを感じます。育ててきた子どもからの暴力は、本当にダメージが大きいのです。このようなことがあるかもしれないことを、あらかじめお母さんたちが知っているのと知らないのでは違います。子どもたちが、なぜ暴力をするかを理解することがとても大切です。そして、そのときどのように対処すべきかを知っていなければなりません。

理解はしつつも、暴力はいけないことを伝えなければいけません。

「問題行動」には必ず子どもの願いがあります。障害だからという理解ではなく、私たちと同じように人としていろいろな思いや葛藤の中で生きている存在であると理解することが大切です。

困り感を抱えて、支援の場に登場する子どもたちの心の状態と大人の配慮を里親と里子の人間関係の道筋を例にまとめました（表９－１）。この表は、子どもの心や行動が、年齢にかかわらず発達の課題が保障されなかった場合、支援者の対応のしかたをまとめたものです。

当事者の思いを大切に、当事者を主人公に、そして専門家も専門職として専門性を磨き、関係者が子どもの幸せを願い、協力し合っていく時代が求められているのだと思います。

地域にはさまざまな困り感があります。シングルマザー、子育て不安、貧困、不登校、発達の心配、虐待、ＤＶなどいろいろな課題があります。また、支援は特定の問題のある家族だけのことではなく、どの家族にも必要であるという観点が必要な時代になってきています。しかし、地域の中で施策的に分断やバリアがあるため、相談や助けを求める声に応じることができにくい仕組みになっています。

具体的には、子どもの施策は、母子保健、子ども・子育て施策、社会的養護、障害児施策とに分かれています。ところが、そのつながりは弱いものです。この弊害は大きく、他の情報がないと、養育者が選んだサービス（支援）がすべてになって、相談と支援が、子どもや家族の状況によって分断されてしまう事態になります。特に障害児施策では、その施策やシステムの

表 9-1　里親と里子の人間関係の道筋

	子どもの状態	大人の配慮、関わり
1. 初めての出会い	・人との関係を警戒している ・表情がない　甘えない ・気持ちを出さない ・大人の言うことを聞く	・存在の全面肯定　生存権 ・大人がいつも側にいる ・安心、安全感、ホッとできる環境 ・あなたに会えてよかった ・乳児期初期のように温かい眼差し（悲しみ、苦しみへの共感、共有） ・ソフトなタッチ、声かけ
2. 少し慣れてくる	・試し行動（大人の関わりを見ている） ・言葉での表現が少ない ・いたずら　暴力 ・身体症状（頭痛、腹痛）	・受け入れる　大人がいつもそばにいる ・問題行動に注目しない ・チームでの対応　話を聞く ・日常生活の枠づくり ・看護、いたわり
3. ここで暮らしていこう	・生存、生き直しの欲求が高まる ・赤ちゃん返り　甘えが出てくる ・大人にベタベタ ・大人から離れない ・2 歳から 3 歳の発達段階へ ・反抗 ・第 2 次感情としての怒りの表現（思いどおりにならないとなぐる、ける、どなる、物に当たる、自傷、飛び出し） ・過食	・人格の尊重　育て直し ・甘えを受け入れる ・反抗を受け入れる　チームで対応 ・解決策を共に考え実行 ・問題行動に注目しない ・第 1 次感情（不安、寂しい、苦しい、涙を流して泣く等）に寄り添う ・その年齢にあった体験を広げる
4. 家庭の生活に慣れる	・人と過ごすことの喜び ・5、6 歳の発達段階 ・ルールの理解 ・暴力がない　ときどき暴言 ・話し合いができる	・大人の考えを提示　家庭のルール ・多様な体験への環境づくり　励まし ・達成感の共有　失敗の肯定 ・子どもの行動の振り返りを共に行う ・仲間集団への導き
5. 安定した生活	・大人との考えのすりあわせ ・10 歳の発達段階 ・抽象的概念の理解 ・解決志向　前向きに考える ・暴言暴力がない ・行動の振り返り	・大人チームの安定した関わり ・仲間集団活動の環境づくり ・将来像の共有 ・トラウマを癒やすセラピー等

「むぎのこ職員手帳」（2019 年度）子ども支援部門（p.144）より

中で完結してしまいやすくなります。これは、この国の仕組み自体がインクルージョンではなく、エクスクルージョン（排除）の論理につながったものだからです。これだけが要因とはいえませんが、この分離システムも障害のある子どもと家族が生きにくい社会ということにつながり、出生前診断のあと、子どもに障害があるとわかると人工妊娠中絶の割合が高いものになっている実態があります。

子どもがどんな状況に生まれても、そして障害のあるなしにかかわらず、すべての子どもは、命を輝かせる権利を持つ大切な日本の宝です。この国のすべての子どもの育ちが守られ、差別なく平等に扱われるシステムのために、教育や高齢福祉のように、日本の子どもの施策は、国全体で子どもを守り育むために包括的な仕組みになっていく必要があると思います。少子高齢化の時代、このことをそれぞれの省庁や関係行政機関、子ども・子育ての関係者で具体的に考えていく時期に来ているのではないでしょうか。

【引用・参考文献】

斎藤学（一九九二）『子供の愛し方がわからない親たち』講談社
斎藤学（二〇〇六）「対談：斎藤学×上野圭一『死にたい心』はなぜ生まれるのか——死んで勝とうとする心理」斎藤学ブログQ＆A
ドナルド・W・ウィニコット（一九九三）『ウィニコット著作集1 赤ん坊と母親』岩崎学術出版

北川聡子（二〇一九）「地域包括的・継続的支援の実際――民間レベルの子ども家庭支援『むぎのこ』の実践から」柏女霊峰編著『子ども家庭福祉における地域包括的・継続的支援の可能性――社会福祉のニーズと実践からの示唆』福村出版

column
コラム❻

むぎのこの社会的養育

髙本美明

子ども家庭福祉の分野では、社会的養育への関心がこれまでにないほど注目を集めています。未来を担う子どもが安心で安全な環境のもとで、ありのままの自分、そして自分らしく伸び伸びと生きていける社会への夜明けを感じさせます。

一九八三（昭和五十八）年四月一日、私は北海道函館児童相談所に勤務することとなりました。この年は非行の第三のピークで、子どもたちは荒れていた時代でした。学校へ通えない子ども、核家族化で離婚、稼働、疾病などの理由から家庭での養育が困難となった子どもの相談に応じていました。現在の児童相談所に比べて、職員は通所や一時保護の子どもたちと一緒に遊ぶ時間も多く、のんびりした時間がありました。同じ年に「札幌市には療育の場が少ない」と、麦の子学園が無認可通園施設として産声をあげました。障害や発達に心配のある子どもと家庭の支援を目指して、学生四人が前年に準備委員会を立ちあげ開設したものです。三十七年の年月を経て、障害を持つ幼児の療育の場から障害のある子もない子も地域での当たり前の生活が可能となるための支援の輪を広げ、ファミリーホーム・里親への委託や一時保護と社会的養護を必要とする子どもと家族の支援を担うに至っています。

法人の方針には、「むぎのこは、困り感を感じている子ども、障害のある方とその家族が出会い分かち合いを通して、働く人も共に幸せになる方法を見つけ、一人ひとりが本来持っている光を放つ場」としてその社会的使命を掲げています。

むぎのこの里親やファミリーホームに来る子どもたちは、一時保護を必要としながらも児童相談所の一時保護所の定員オーバー、障害のため安全を確保できないなどの理由で一時保護委託となる場合もあります。

また、家庭での逆境体験から、心の傷（トラウマ）を抱え家族からの分離を余儀なくされ、施設や里親へ預けられたものの、心の傷の影響の大きさから体の不調や情緒の不安定、不穏行動の繰り返しなど、養育にあたる大人をも二次的被害へと巻き込んでしまう子どもが委託される場合があります。愛着の絆を結ぶことができずに施設や里親宅での生活を続けることが困難になり、精神科病院を経てここに辿り着く子どもも珍しくありません。むぎのこに来てから、しばらくは暴言、器物破損、無断外出、自傷・他害と不穏行動の嵐に職員は晒《さら》されます。考えがまとまらず、気持ちを伝えて助けを求めることができず、投げやりな言葉を吐き、自分の体を傷つけ、人や物に当たり散らす行動になって現れます。逆境体験に加え、理解してくれない大人への不信感を募らせ、自己肯定感を持てず悲しみを抱え、不安に怯《おび》え、怒りに震える姿がそこにあります。

スイスの生物学者のポルトマン（Adolf Portmann）は、ヒトは他の哺乳類動物に比べ一年早産の状態で生まれてくる「生理的早産の状態」と表現しました（ポルトマン、一九六一）。馬は生まれてすぐに母親に見守られながら立ちあがり、走ることができます。ヒトは自分の頭を支えることもできず、食事をとることもかないません。社会的世話なくしては命をつなげられない、絶対的依存を求める存在です。赤ちゃんは生まれながら自ら養育者そして環境を選ぶことがかなわない現実があります。

でも、むぎのこに辿り着いた子どもたち、安心してください。ここでの出会いは生涯にわたる絆となります。

むぎのこが大切にしているアフリカのことわざに「一人の子どもを育てるには、村中の大人の知恵と力と愛と笑顔が必要」があります。職員、そして地域で暮らすみなさんと共に生活する中で、心の傷を癒やし、持てる力を回復し、ありのままの自分を信じて未来をつくっていってください。

今も、毎週のように札幌市をはじめ道内の児童相談所から一時保護、里親やファミリーホームへの委託に関わる連絡が入ります。家庭から分離を余儀なくされ里親委託、施設入所に至る子どもが少なくなり、分離後の家族再統合あるいは永続的解決が図られるためには、家庭への支援の充実が求められています。

子どもと家庭が孤立せず、支援を受けて地域での生活を営める社会的養育の仕組みづくりが急がれます。子どもが大切にされ、明るい日本の未来を担えるように、社会的養育をより一層充実させる活動を一職員として、職員チームそして関係機関のみなさんと取り組んでいきたいと思います。

【引用・参考文献】

アドルフ・ポルトマン（一九六一）『人間はどこまで動物か――新しい人間像のために』岩波書店

column
コラム❼

「ダイナモ」との出会い
歩く福祉、北川園長

古家好恵

北川園長とは、息子の保育園で、園長の息子さんが一歳年下だったのですが、同じクラスになったことで初めてお会いしました。会った瞬間、頭のいい人だと思ったことを覚えています。お付き合いをするようになって何度かむぎのこで働きませんかと声をかけていただいたのですが、むぎのこはほとんどボランティアのような働きをしているように見えて、当時、私は乳児保育園で週三日パートで看護師として働いたのですが、働いた分の給料（労働の対償）が必要との考えだったこととボランティアの心がないのでむぎのこで働くことはできないなと思っていました。ただ障害のある子どもを幸せにしたいという志に打たれ、後援会報の折り込みの手伝いにはときどき参加していました。

そうこうするうちに、三歳の自閉症の子どもを週二回むぎのこで受け入れるとのことで、その週二日をパートで働くことになり、翌年からは毎日パートとして働くことになりました。そこでは集団を見ながら個別に子どもの発達にあった対応をするように療育が組み立てられており、保育園よりすっきりと構造化された環境と空間づくりは、自閉症の子どもの療育に適していると感心しました。北川園長が学生時代から全国で実習したり、むぎのこを開設してからは、自分の子どもを連れて保育園などで実習しながら研究して、わかりやすい独自の療育形態をつくりあげたことが、一緒に療育する中でわかりました。その当時の日課は、ほとんど今も続いています。

そして、週に一度の親子教室を二人で始めました。親子で遊んでそのあと子育て相談を受ける。これは発達に合わせて子どもを育てることを伝えて、親と二人三脚で育てることを基本にしました。この方法は今の親子発達支援やプレむぎのこに引き継がれています。この取り組みの中で北川園長と私は食い違いがあるとよく激論になっていました。むぎのこが認可になって現在の場所に移る一年半くらい前、一九九四年ころのことです。それからは現在二十五歳から二十八歳になっている卒園児のお母さんたちと一緒に発達支援、家族支援をつくりあげてきました。

北川園長は才能豊かで、発案力、企画力に優れ、なおかつ劇の脚本、作詞、作曲までこなして、リズムなどが苦手な人（私もその一人です）にもわかりやすく教えることができる方です。今まで誰もが思いつかないことを目標に立て、忍耐強く成し遂げようとして、向かい風にもめげずに進む。たとえば、今年度のむぎのこのミッションは「共に生きる」ですが、園長の学生時代の同級生の牧師さんが、グループホームの開所式にいらしてくださったときに、北川園長は学生時代から「共に生きる」ということを話されていて、それが現在も一貫していることに驚かれていました。ひとことで言うと「無から有を生み出す方」なのです。私はどちらかというと自律神経も弱く持久力がないので、脅威と畏敬の念を抱いてそばにいる感じでした。

むぎのこが認可されてから、お母さんに精神疾患や障害があって掃除ができない家庭のために、お母さんたちとお掃除隊をつくり掃除のサービス（支援）をして回っていたときのことです。私はほこりアレルギーもあり、お掃除隊には入らないでいたのですが、見ているだけでいいからと勧められ、少し離れたところで見ていました。すると、靴箱からあふれていた五十足ぐらいの靴を一足ずつ、「これは履きますか？　これは履きませんか？」とていねいに聞いて、「捨てる」という言葉を使わないで、お母さんを尊重して気遣っている姿に、支援のあるべき姿、まさに〝歩く福祉〟と思ったのでした。ソーシャルワークの基本を身につけていたのです。

また、小学五年生の重度の自閉症の子どもに攻撃性が出てきて、お母さんが手に負えず子育てに疲れ果て、「もう嫌だ。もうこの子を見られません」と泣いて訴えてきたときに、園長は、「お母さんの気持ちはわかるよ。でも、それでは子どもがかわいそうなので、親子の距離をとるためにも家に連れて帰るね」と、当時ショートステイもなかった時代だったため、園長の自宅で見てくれたのです。すると、言葉がなかった彼が、「助かった」とつぶやいたのでした。制度がなくても親子を助けるために自分がなんとかしようというのが、北川園長の原点であると知りました。

十九年前、アドラー心理学のペルグリーノ博士（Joseph Pellegrino：モントリオール個人心理学研究所理事長）にカナダのモントリオールの研究所でセミナーを受けたときに、博士が園長のことを「ダイナモ（dynamo：自ら発電してエネルギーをつくり続ける人）」と仰っていました。園長を表す的確な表現だと思いました。

十八年前には、在園児のお母さんたちに聞き取りをした結果、育ちの中でアルコール依存症の親だったとか虐待があったなど機能不全の家庭で育った方が八十パーセントいたことがわかり、これは心理支援が必要だと思った北川園長は、専門的に心理の勉強をしようと、日本に開校したばかりのアライアント国際大学・カリフォルニア臨床心理大学院日本校に入学、大学院の第一期生として学びました。毎週水曜日の実習のときは千歳から第一便（六時）の飛行機で東京の病院に行き、羽田から最終便（二十一時）で帰宅する学生生活をむぎのこの総合施設長をしながら一年間続けられました。

このように専門的に学んでから、園長自らお母さんたちのカウンセリングをしました。カウンセリングを受けたお母さんたちの中には心療内科に通っていた人もいましたが、現在は回復して、支援される側から支援する側に変わり、看護師、指導員、ショートステイの管理者、ヘルパーなど、麦の子会の中でも重要な部署で活躍しています。その中の二人が園長の卒業した大学院の後輩になり、カウンセラーやソーシャルワーカーになりました。現在は心理・相談部ができて心理支援が定着してきました。

こうして現在では当たり前の支援になっている発達・学習支援、心理支援、ヘルパー・ショートステイ（安全な暮らしのための支援）でお母さんを支援しながら共につくりあげたのでした。これらはすべて、北川園長が制度のないときに自ら身をもって支援者として「ダイナモ」になって弛《たゆ》まぬ努力をしてつくりあげた、まさにソーシャルワークの王道を歩んできた軌跡だと思えます。

二〇一九年秋、園長の卒業した大学院の元学科長でアメリカ在住の本間玲子先生がむぎのこに見学にいらっしゃったときに、「アメージング（amazing：まあ、素晴らしい！）」と仰ってくださいました。私が、「北川園長の忍耐強い取り組みの功績です」と、お答えしたところ、「一緒に歩みなさったあなた方スタッフがいたから、今があるんですよ。一人では成しえないことです」。

そのお言葉に私は、北川園長と一緒に歩み続けてこられたことに感謝し、それから園長と共に職員、お母さんたちと歩んでこられたことに感謝の念が湧いてきたのでした。

まだまだ子どものためにやることがあります。北川園長はこれからも「ダイナモ」として進み続けることでしょう。私も生涯を通して、これからも北川園長と共に麦の子会を支え続けることができればと考えています。

「ダイナモ」こと北川園長（左）

第十章　支援は続くよ、どこまでも

一　恩師の遺志を引き継ぐ

小さな小さな船に乗って船出したむぎのこでしたが、少しずつ川を下り海に出て、時には台風や大波にも出会い、何度も沈みかけそうになりながらここまで来ました。いつも未熟ながら障害のある子どもたちが幸せを感じ、幸せに生きられる社会を目指してきました。しかし、行き着く先はどこなのか、それは地図のない航海でした。小さな船体もたくさん修繕が必要になりました。未熟者で航海のルールなど何も知りませんでしたし、何度も転覆しかけたにもかかわらず、むぎのこが広い海で航海ができたのは、港、港に変わった船乗りの若者に興味を持ってくれた大人たちがいて、時にはやさしく、時には厳しく助けてくれたからです。私たちも若くて未熟者であったばかりに、たくさんの人にご迷惑もおかけしました。若いときの失敗を無駄にすることなく、子どもたちの幸せを願い求め実践することを続けていくことが、私たちにできることだと思っています。そして、そのことがお世話になった方々への恩返しだと思っています。

二〇一九年九月、アライアント国際大学・カリフォルニア臨床心理大学院（以下、ＣＳＰＰ）日本校の十四回目の修了式が行われました。私は西尾リプロセスワーク・トラウマケアの授業を受け持っているので講師の席に案内されました。この日本校は、残念ながら来年十五期生を送り出して閉校となります。一九九〇年代から準備を始めて二〇〇二年に開校し、アメリカの進んだ臨床心理学を日本でも学ぶことができるようにと、西尾和美先生や斎藤学先生のご尽力で創設された大学院でした。その西尾先生は閉校を待たずに修了式の二カ月前の七月にお亡くなりになられました。本当に残念でした。

ここでは実践力のあるセラピストを養成することを目的にさまざまなセラピーを学び、私たち学生は本物のカリフォルニアの風を感じることができるような大学院でした。今回、修了式に出席し、その思いをより一層強く感じることができました。

修了式にはアメリカ人である女性の学長も参加されていました。また、式に参列されていた本間玲子先生は、サンフランシスコでは保健局長を務められ、ご高齢ながら長い間日本プログラムのディレクターを務めてくださいました。他の先生もみんなとてもやさしく、アメリカで苦労されて博士課程を修了した専門性の高い先生方ばかりで、日本の困り感のある子どもや大人を助け、役に立つ優れた臨床家を輩出したいという目的をはっきりとお持ちでした。そして、十四期の学生たちも働きながら学び、苦労も多かったと思うのですが、本当にこの大学院で学んでよかったという満足した顔をしていました。

式の最中、修了生たちの姿に十四年前の自分を重ね合わせ、修了式で西尾先生からいただいた、「あなたたちはトラウマがあり困っている人たちのために、臨床心理を通じて日本に貢献してください。そのためにこの大学院をつくったのですよ」という言葉を思い出しました。今思うと、アメリカの大学院を日本に持ってくるなんて信じられないことです。そのことを成し遂げた西尾先生はすごいなとあらためて思います。卒業から十四年たった私が十分に西尾先生の願いにかなっているかというと、答えは恥ずかしながら「まだまだ」です。残念ながら、西尾先生たちの強い意思でつくられた大学院は来年で閉校になってしまいます。

日本では心理面で支援を必要としている方々がまだまだたくさんいます。そのために私たちは何ができるのか、何をすべきなのかということを模索し、実践していかなければなりません。今年度から法人（麦の子会）として、西尾心理臨床研究所を託され運営することになったので、少しでも西尾先生の思いを継いでいければと思っています。

そして、なんと西尾先生からサプライズな御寄付もいただきました。その御寄付で、研究所とともに西尾和美記念ホールも設立する予定です。そこでは、西尾リプロセスワークを中心に、カウンセリングやグループカウンセリング、自助グループなどを行い、優れた心理臨床家をお招きして、研修や研究、スーパービジョンを行っていきたいと考えています。

まだ建設は始まっていませんが、これによってこれまで全国で一緒に学んできた仲間たちが集い、トラウマケアをしていく専門家を養成するための環境が整いつつあります。そして何より、日本で困っている子どもたちや大人の方々のよりよい福祉のための心理支援の場を充実させていけたらと思っています。

私たちの法人の職員や卒園児のお母たちにも、CSPPで学んだセラピストが現在五人もいます。今後は、もっと心理支援の質を高めて、より一層子どもや家族の役に立てるようにと思っています。

西尾先生からは、きっと「まだまだですよ」と言われそうですが、今後はCSPPの先生からスーパービジョンを受けながら、西尾先生のつくられたCSPPの思いや理念、実践の灯《ひ》を、全国各地に散らばった修了生と共に灯《とも》し続けていきたいと思います。

ロンドン大学で学び英国でMBA（経営学修士）を取得した日本人女性第一号で、日本では女性の登用を積極的に進める立場で企業を応援していて、むぎのこでもコンサルティングをお願いしている藤原美喜子さんが、ご講演の中で「やらないことは後退を意味します。それは社会福祉も企業も同じです。人のために直接的に幸せをつくる社会福祉に関わるのだからこそ、何が必要かを考え実行し続けていかなければいけません」と教えてくださいました。

私たちは、困り感のある方々のニーズに対して、実践に基づいた専門職として、当事者の主体性を大切に、困り感のある方たちと共に働き、必要なスキルをしっかりと身につけていきたいと思います。しかし、厳しい社会情勢の影響や子どもたちの困り感の大きさを前に、この社会福祉の取り組みは、私たち麦の子会だけでできることではありません。札幌市、北海道、日本と社会的にもみんなで共に学び合い、困り感のある人を肯定《リスペクト》し、みんなで手をつないでいかなければ、けっしてできないことだと思っています。

二　これからの社会福祉に必要な支援のあり方

むぎのこには児童相談所から家庭養護（里親型）や家庭的養護（小規模施設型）が必要な子どもたちが紹介されてきます。現在（二〇二〇年二月）は三十一名の里子と、二十歳を過ぎた四名の社会的養護自立援助事業を利用している若者たちがいます。ここに来るまでの理由はさまざまですが、どの子どもたちも日本の大切な子どもとして国から委託されお預かりして、みんなで育てています。ほとんどが発達面でも困り感を抱える子どもたちですが、「自閉症の子どもを育てて大人にしたから、発達障害の子どもは大丈夫よ」という頼もしい卒園児のお母さんたちが、何人も里親になってくれています。実際、自分の子どもの子育ての方が大変で、「里子ちゃんたちはなんてかわいいのだろう」と、里親になったみなさんは口をそろえて言います。本当は大変なこともたくさんあるけれど、「むぎのこの先生たちが必ず支えてくれる」という安心感が、楽しい子育てにつながっているのかもしれません。

しかし、時に施設の中でたくさんの子どもたちとの暮らしがむずかしい子どもが、家庭的養護が適切であるということで措置されることがあります。私たちはこのような子どもたちに対する対応としてアメリカのボーイズタウンのプログラムを六年前から学んでいます。ボーイズタウンのプログラムは、子育て支援のペアレントトレーニングであるコモンセンスペアレンティングだけではなく、病院での治療プログラム、里親さんのプログラム、学校現場でのプログラムと多岐にわたっています。内容も基本は行動の原理に基づいていますが、トラウマケア、アタッチメント、発達理論、カウンセリングなどトータルなアプローチになっています。

ペアレンティングは一度学んで終わりということではなく、里親さんに対しても、トレーニング、コンサルティング、スーパービジョンが行き届いた循環的な支援になっています。もし里親家庭で不調があっても里親さんの養育の原因追及ではなく、コンサルタントがアセスメントをして対応を考えます。日本では不調になったら里親さんが悪いという風潮がありますが、ボーイズタウンではコンサルタントの責任が大きくなります。そして新しいトレーニングを組み立てたり、里親さんと子どもとの関係がよくなるような支援をします。

このような支援を組織一体となってしているわけですから、むぎのこはまだまだこれから学んでいかなければならないことがたくさんあります。ボーイズタウンのシステムはすばらしく、病院での治療的なケアからドミトリーでのケア、ファミリーホームや里親家庭でのケアと、その子どもに合った治療プログラムと環境が用意されているのは本当にすごいことです。この仕組みができたら、子どもたちに安心・安全な暮らしが保障できるのではないかと思います。

また、障害児支援では比較的行動の原理に基づく支援がされていますので、このプログラムでされていることは、当たり前と言えば当たり前のことです。しかし、この行動の原理の考え方を職員が身につけていくには、肯定的な関わり、問題が起きたときの関わり方など、トレーニングが必要です。日本はこれまでその人の力量による職人的な支援だったと思いますが、これからの時代、職員が適切な支援をしていくためには、やさしい肯定的なリスペクトを軸とした関わりが日々のトレーニングに必要だと感じています。どんなに理念が立派でも、残念ながら虐待が起きているからです。

これからの社会福祉には、トレーニング、支援、コンサルタント、評価に基づいたボーイズタウンのような循環型のトータルな支援が必要だと思います。北海道でも日本各地でも若い施設長さんが、現状に危機を感じて一緒に学び始めています。むぎのこでも、前述したトラウマケアも含めて、このような育ちの中での困り感が大きい子どもたちの支援を、システムとしても、支援のプロとしても、支援の質を充実させていかなければ、本当の意味でたくさんの困り感を抱えた子どもたちの未来の幸せをつくることができないと思っています。これからもボーイズタウンのスタッフの方々や日本で教えてくれる日本の事務局の先生たちから学び続けていきます。

三　障害のある人と共に生きる社会

むぎのこで育って成人になった方々の暮らしはどうなっているのでしょうか。多くの方たちは地域で生活をしていて、グループホームで暮らし、生活介護など日中の活動に参加し、その他に本人の意思を尊重しジムに行ったり、バレエを習ったり、キャンプに参加したり、たくさんあるガーデンをきれいにしたり、これで十分とは思っていませんが、地域のみなさんと一緒に充実した生活を送っていると思っていました。

しかし、私たちの成人期の暮らしや活動には課題があります。それは働くということです。私が学生時代に見学してきたところは、障害のある人に非常に厳しい労働を課していました。野菜の袋づめ、暗くて清潔ではない環境で朝から夕方まで働いて、給料は月一万円以下が当たり前、「これはどうなんだろう。障害のない人があまりやりたくないことを障害のある人にやらせているのではないか」という疑問がありました。そういう思いもあり、むぎのこの成人期の支援には、労働をあまり積極的に取り入れてきませんでした。

たしかに、古い時代の障害児教育の小・中学校から高等部までがんばってきた人が、前の施設ではメンタル面の不調で行けなくなってしまったケースが多かったのです。そのため、むぎのこの成人施設の活動は、その方々の自信の回復や社会的回復にとてもよかったと思います。

どの方も、存在そのものが肯定される取り組みが必要でした。そのことは間違ってなかったと思います。特に行動障害のある方たちに対して、自傷や他害が起きないように、落ち着ける環境の整備、刺激の少ない環境を整えることは大切です。しかし、はたしてそれだけでいいでしょうか。

彼らは二百名も参加するゴールデンウィークや夏休みの八雲の廃校を利用してのキャンプでは、四時間もかかる車の中でも表情が明るいままで、さらに信じられないことに、あんなに人も多く、子どもの泣き声もあり、うるさいざわざわした懇親会で、うれしそうに体をリズミカルに動かして楽しんでいるのです。

「木を見て森を見ず」の言葉どおり、私たちは障害の重い彼らの障害にとらわれて、人として青年としての思いにしっかりと向かい合ってきたのだろうか、彼らの痛みに本当に寄り添ってきたのだろうか、障害が重い彼らの行動の激しさにおののいてきただけなのではないだろうかと反省しました。

小さなころからの支援の中で見えてきていることはあります。そこから育てることの大変な子どもと家族をできるだけ支え、プロとしての支援をしっかりとしていかなければならないと思うのです。関わっているスタッフは本当に一生懸命がんばっています。そのがんばりに応えていくために私たちは、この方たちが生き生き自分らしく暮らせるようにプロとしての力をつけて、若い人に伝えていかなければなりません。

私が大学生のとき最初に出会った自閉症のＳ君は、激しい行動障害があっても、彼の目は純粋で、そしてまわりをよく見ていた賢さがありました。私は、このＳ君を通して自閉症の子どもにひかれ、この子どもの内面にあるすばらしさが表に出てくるように、幼児期からしっかりと見ていきたいと思ったのが今日の私の原点です。

糸賀一雄が、「この子らを世の光に」と語った有名な言葉がありますが、「この子たちはすでに世の光」です。むぎのこは、そのことのために三十七年間走り続けてきました。しかし障害のある子どもたちが本当に世の光として存在しているのでしょうか。

残念ながら、障害があるがゆえにまだまだ困っていることが多く、生きることが大変な環境と社会システムがあります。私たちは、困り感のある子どもたちが光り輝くために、そして人が大切にされる社会の拠点として、これからも走り続けます。

「この子たちが本当に世の光として」輝きを放っていくために。

支援は続くよ、どこまでも。

たくさんの人と手をつないで、若い世代にバトンタッチしながら……。

おわりに

私が福祉の道を志したのは、高校時代でした。

私の入学した高校は、北海道にある函館遺愛女子高等学校（以下、遺愛高校）というプロテスタントのミッションスクールです。実は、その高校は第一志望の高校ではなく、第二志望の高校でした。残念ながら第一志望校には合格できず、十五歳の春に初めて自分の人生に涙したことを今でも覚えています。第二志望の高校だったこともあり、入学式は少し元気なく母と一緒に参加しました。

しかし、初めての入学式の礼拝で高校の先生で牧師さんの言葉に驚きました。

「あなたたちは、神様に選ばれてこの高校の入学が特別に許されたのですよ」。

「えーっ、私なんか第一志望に入れずダメな高校生だと思っていたけど、神様という方は、私を否定しないで認めてくれている方なんだ」とキリスト教のことは何もわからなかった私ですが、急に気持ちがすっきり晴れ、今までの重たい気持ちはどこかに飛んで行ってしまいました。

その牧師さんの言葉で心軽やかに前向きに、たくさんの桜がきれいに咲く百五十年近い歴史ある高校で高校生活をスタートさせたのでした。もし私が遺愛高校に行ってなかったら、今の私はないといっても過言ではありません。「公立高校に行かせなかったのは、もしかしたら神様のご計画かも!?」って今では思っています。

高校では、毎日講堂で讃美歌を歌い、聖書を読む礼拝がありました。そして、年に一回いろいろな方面で課題に取り組み、困っている方々のために働いているキリスト教者の方々をお招きして、高校生である私たちに三日間もお話をしていただく修養会という行事がありました。そのような人生の先達のお話を心で聴けることは、とても幸せな時間でした。

高校三年生のときは、滋賀県の止揚学園の創立者、福井達雨先生が講師としていらっしゃいました。そのとき、私は初めて障害のある方たちのことを聞いたのです。私はそれまで障害があるということを深く考えたことはありませんでした。しかし、全身全霊で障害のある方に向かい合っている福井先生の姿に、一生仕事をするのであれば、こんな障害のある人たちを支援する仕事がしたいと思ったのです。この修養会での福井先生との出会いが、その後の人生を方向づけてくれました。

また、遺愛高校でよかったのは、女子高だったということでした。青春時代に男子の視線のしがらみがなく、女性としてというより、人としてどう生きるか、社会にどう仕えていくのかということを自由に考えることができた三年間でした。男性の先生もいましたが、何より専門性のある女性の先生に、国語、社会、家庭科、音楽などの教科を直接学んだことが大きかったです。本当に尊敬できるおしゃれですてきな先生ばかりでした。彼女たちは、まだ女性が社会に出て働くことがむずかしかった時代に、ほとんどの方は子育てしながら教師という職業に誇りを持って、私たちにいろいろなことを教えてくれました。私が女性であっても、働き続けて社会の役に立ちたいと自然に思えたのは、この遺愛高校が女子高であったことと女性の先生たちの影響です。

五年前に、むぎのこの高校生十五人が卒業旅行で函館に行ったとき、この高校を見学させてもらいました。もう退職された私の高三の担任だった出川先生が、そのとき子どもたちを案内してくださいました。

子どもたちが帰ってきてからお礼の電話を私が先生にかけたときに、「聡子さん、あなたのお育てになったお子様たちは、とても素直でいい子ばかりでした。よくこのようにお育てになりましたね」と、電話口で仰ってくださったのです。

今の遺愛高校は優秀な生徒が多く、偏差値の高い大学に進学しているそうです。むぎのこの子どもは、どちらかと言えば困り感の高い子どもたちです。出川先生がその子どもたちのよさを本質的にとらえてくれたと思うと涙が止まりませんでした。

四十年も前に、私はこの先生に、「福祉の道があなたには合ってますよ」と勧められ、大学で福祉を学ぶきっかけをつくってもらいました。今でも私の先生として、祈り支えてくださっているのです。

一九八三年四月に学生時代からの同志四人でスタートした「むぎのこ」も、はや三十七年の月日がたちました。この間の歴史の中でさまざまなことがありました。いろいろな失敗があり、悔いることも山のようにあります。そして、何よりも数え切れないくらいたくさんの出会いがありました。そのみなさんにその時どきでお世話になり、いろんなことを教えていただきました。そのおかげでつながって今があります。

そして、毎日現場で汗をかいて一生懸命子どもや障害のある方々の幸せのために向き合ってくれている職員のみなさん、本当にありがとうございます。一人ひとりの豊かな個性が集まってむぎのこチームになっています。これからも子どもたちや家族の応援団としてよろしくお願いいたします。

最近いろんな人に「むぎのこの本はないのですか?」と聞かれることが多くなりました。私たちは毎日が実践で、本を書く余裕はもちろん、人様に何かお伝えするなんてまだまだ先の話、出版なんて想像だにしませんでした。そんな中、二年前(二〇一八年)にいつもむぎのこのことを暖かく見守ってくださっている児童精神科医の小野善郎先生とニューヨークにご一緒することがありました。その滞在中になんと出版企画の話が持ちあがり(これも神様のご計画?)、さらに小野先生が共同編者として全面的に協力してくださることになり、こうして結実することができました。小野先生、きっかけと力強い応援をいただき、ありがとうございました。

また、福村出版の社長宮下基幸さんには、出版の機会を与えてくださっただけでなく、企画のときから編集・製作の間、何度も東京から札幌のむぎのこに足を運んでいただき、本なんかつくったことのない私たちに懇切ていねいにご指導くださいました。宮下社長さん、ありがとうございました。

すべての方々に感謝の思いを込めて、また、むぎのこの歩みを書籍のかたちで紹介することで、今困っている子どもたちやお母さん、お父さん、そして次世代の方々のお役に少しでも立てたらと思います。

三十七年分の流した汗と涙と笑顔を読んでくださるたくさんの人たちで分かち合えたら望外の喜びです。

すべては子どものため、障害のある方たちと共に生きるために。

二〇二〇年五月　長い冬が終わり桜が咲きはじめた札幌より

むぎのこを代表して　北川聡子

むぎのこの歩み

※ゴシック体は世の中の動向（制度・法律など）

1982（昭和57）年	7月	通園施設設立準備委員会発足（学生4人で立ちあげる）。
	11月	日本キリスト教団札幌元町教会会堂借用決定。
1983（昭和58）年	2月	名称「麦の子学園」が決定。
	3月	麦の子学園後援会発足。
	4月	麦の子学園、札幌元町教会会堂を借用して開園（入園児5名）。
1987（昭和62）年	5月	**身体障害者雇用促進法から障害者雇用促進法に改正。**
1988（昭和63）年	4月	開園5周年記念会を行う。
1989（平成元）年	4月	0歳児からの乳児療育スタート。
	5月	**知的障害者のグループホーム制度化（知的障害者地域生活援助事業：厚労省）。**
1992（平成4）年	7月	むぎのこ実践報告集発行。
1993（平成5）年	3月	電話相談を始める。
	12月	**障害者基本法（心身障害者対策基本法の改称）施行。**
1994（平成6）年	4月	社会福祉法人設立認可準備委員会発足。
		札幌市の北区と東区の通園施設計画に位置づけられる。
	6月	**「高齢者、身体障害者等が円滑に利用できる特定建築物の建築の促進に関する法律」（ハートビル法）施行。**
1996（平成8）年	1月	社会福祉法人麦の子会認可。
	4月	児童福祉法法定通園施設むぎのこ（併設：札幌市心身障害児通園施設むぎのこ・札幌市心身障害児通園事業）を開園。
		札幌市障害児デイサービス事業開始。

1997（平成9）年		卒園児の保護者でフリースクール開設（2003年の児童デイサービス事業につながる）。
1998（平成10）年		法定施設むぎのこ定員増（47名）。
1999（平成11）年		自力で登園できない家庭のためにドアツードア送迎開始。むぎパパの会結成。大人の通所施設開設のため募金活動開始（2003年のジャンプレッツ開設につながる）。
2000（平成12）年	4月	禁治産制度廃止。
	11月	交通バリアフリー法施行。
		児童虐待の防止等に関する法律（児童虐待防止法）施行。
2001（平成13）年		養育困難な子どもが養護施設へ措置。それをきっかけに北川園長、古家部長が里親の登録を行う。
		養育困難な子どもを職員が勤務後、自宅でみる（2006年のショートステイホームむぎのこ開設につながる）。
		北川園長と卒園児の母でお掃除隊結成。養育困難な家庭の掃除を行う（2003年7月の居宅介護事業施設むぎのこにつながる）。
2002（平成14）年	9月	アライアント国際大学・カリフォルニア臨床心理大学院（CSPP）日本校開校。（北川園長第1期生）。
2003（平成15）年	4月	知的障害者通所更生施設ジャンプレッツを開設。
		知的障害者短期入所事業ジャンプレッツを併設。
		児童短期入所事業むぎのこを開設。
		児童デイサービス事業むぎのこを開設。
		児童デイサービスジャンプレッツを開設。
		むぎのこ発達クリニックを開設。
		法人に評議員会を設置。
		身体障害者及び知的障害者の福祉サービスについて、「措置制度」から「支援費制度」に移行。

2004（平成16）年
7月 居宅介護事業むぎのこを開設。
9月 知的障害者地域生活援助事業所ホワイトハウスを開設。
児童デイサービス事業むぎのこが開始されることにより、フリースクールの子どもたちが児童デイサービス事業に移行。
6月 障害者基本法一部改正。
9月 知的障害者地域生活援助事業所マーガレットを開設。
知的障害者地域生活援助事業所アークⅠを開設。
12月 ジャンプレッツの作業室として、スワンカフェ&ベーカリー札幌時計台店を開店。

2005（平成17）年
4月 発達障害者支援法施行。

2006（平成18）年
4月 障害者自立支援法施行。

10月 児童デイサービス事業むぎのこを開設。

ショートステイホームむぎのこを開設。

日中一時支援事業むぎのこを開設。

地域療育等支援事業むぎのこ（のちの相談室セーボネス）を開設。

障害者自立支援法により、3カ所の知的障害者地域生活援助事業所は、「一体型（共同生活介護、共同生活援助）ホワイトハウス」事業の住居ホワイトハウス・マーガレット・アークⅠとなる。

制度改変のため、児童短期入所事業むぎのこ・短期入所事業ジャンプレッツを廃止。

12月 国連「障害者権利条約」採択。

バリアフリー新法施行。

教育基本法改正。

2007（平成19）年

4月　学校教育法一部改正（特殊教育から特別支援教育へ）。

9月　国連「障害者権利条約」署名。

10月　ホワイトハウスの新住居としてイーラットを開設。

12月　児童デイサービスプレイを開設。

2008（平成20）年

4月　児童デイサービスシーランチを開設。

2009（平成21）年

3月　知的障害者通所更生施設ジャンプレッツから、新法による生活介護・就労継続支援の多機能型ジャンプレッツへと移行。

4月　児童デイサービスヨシアを開設。

　ホワイトハウスの新住居としてクローバーを開設。

　アークⅠ・Ⅱを合体し、アークとする。

　法人事務局をジャンプレッツ内に置く。

8月　ホワイトハウスの新住居としてダニエルを開設。

12月　政府、障がい者制度改革推進本部設置。

2010（平成22）年

4月　児童デイサービスチェリーブロッサムを開設。

　児童デイサービスライオンを開設。

　児童デイサービスセーボネスを開設。

　ホワイトハウスの新住居オリーブを開設。

5月　ショートステイホームピースを開設。

12月　障害者自立支援法改正。

2011（平成23）年

4月　児童デイサービススタディを開設。

　日中一時支援事業ヨシアを開設。

2012(平成24)年

5月 日中一時支援事業スタディを開設。

6月 障害者虐待防止法成立。

7月 小規模住居型児童養育施設(ファミリーホーム)ガブリエルを開設。

8月 障害者基本法改正。

知的障害のある被疑者への取調べの全面的可視化実現。

4月 児童福祉法改正(放課後等デイサービスの創設など障害児支援の強化)。

法令改正による一部事業のみなし指定。同時に事業所名を一部変更。

(旧事業所名→新事業所名:みなし指定事業種別)

知的障害児通園施設むぎのこ→むぎのこ児童発達支援センター:児童発達支援センター

児童デイサービス事業むぎのこ→児童デイサービスむぎのこ:児童発達支援事業/放課後等デイサービス

児童デイサービス事業ジャンプレッツ→児童デイサービスジャンプレッツ:児童発達支援事業/放課後等デイサービス

児童デイサービスシーランチ→シーランチ:児童発達支援事業/放課後等デイサービス

児童デイサービスプレイ→プレイ:児童発達支援事業/放課後等デイサービス

児童デイサービスヨシア→ヨシア:児童発達支援事業/放課後等デイサービス

児童デイサービスチェリーブロッサム→チェリーブロッサム:児童発達支援事業/放課後等デイサービス

児童デイサービスセーボネス→セーボネス:児童発達支援事業/放課後等デイサービス

児童デイサービススタディ→スタディ:児童発達支援事業/放課後等デイサービス

児童デイサービスライオン→ライオン:児童発達支援事業/放課後等デイサービス

6月　保育所等訪問支援事業をむぎのこ児童発達支援センターに併設。

スカイブルー（放課後等デイサービス）を開設。

ハーベストガーデン（生活介護）を開設。


10月　スワンカフェ＆ベーカリー札幌時計台店を閉店し、ハーベストガーデンに移設。

ショートステイホームピースの定員を増員し、ショートステイホームむぎのこを廃止。

法人事務局をショートステイホームむぎのこの跡地に移設。

2013（平成25）年

3月　みなし指定の本指定に伴い、以下の事業種別を廃止。
（事業所名：廃止みなし事業種別）
児童デイサービスジャンプレッツ：児童発達支援事業
チェリーブロッサム：児童発達支援事業
セーボネス：放課後等デイサービス
スタディ：放課後等デイサービス
「むぎのこビル」を整備。
法人事務局を「むぎのこビル」に移転。
ホワイトハウス住居イーラット、同クローバー、むぎのこ発達クリニックの土地・建物を取得。

4月　公益事業に以下3件を追加。
（1）札幌市障がい児等療育支援事業、（2）当別町こども発達支援センター専門職員指導業務、（3）当別町こども発達支援センター発達支援専門員派遣業務。
当別町旧中小屋小学校校舎を無償貸与される。

障害者優先調達推進法施行。

障害者自立支援法が障害者総合支援法に改称。

障害者雇用促進法改正。

5月 成年被後見人の選挙権回復。
アメリカのボーイズタウンを見学。コモンセンスペアレンティング（CSP）を学ぶ。

6月 法人の主たる事務所を「むぎのこビル」内に変更。
障害者差別解消法制定。

10月 放課後等デイサービス野の花（通称ブラックベリー）を開設。

2014（平成26）年

1月 国連「障害者権利条約」批准。

4月 むぎのこ子ども相談室（特定相談支援・障害児相談支援）を開設。
日中一時支援事業セーボネスを開設。
制度改変により、ホワイトハウス（共同生活援助・介護）のサービス（共同生活援助）へ種別変更。

7月 チェリーブロッサムに児童発達支援事業を併設。

9月 認可外保育施設セーボネス保育園を設置（公益事業）。

2015（平成27）年

2月 ホワイトハウス（共同生活援助）8棟目の住居アンを開設。

4月 ショートステイホームむぎのこ（重心対応）を開設。
放課後等デイサービスグリーンを開設。
放課後等デイサービス野の花の従たる事業所トゥモローを開設。

9月 小規模住居型児童養育施設（ファミリーホーム）ベーテルホームを開設。

12月 教育棟ブレーメン館を開設。
ヨシア　シーランチ　スカイブルー　トゥモロー　チェリーブロッサム　野の花
グリーンの7事業所を移転集約（「多機能特例」なし）。

2016（平成28）年	4月	障害者総合支援法改正。
		「日本の子どもの未来を考える研究会」事務局設置。
	5月	ホワイトハウス（共同生活援助）にサテライト型住居イーラット2を開設。
		成年後見制度利用促進法施行。
		発達障害者支援法改正。
	6月	むぎのこ大通教室を開設。
	7月	認可外保育園むぎのこ保育園を開設。
	12月	ホワイトハウス（共同生活援助）9棟目の住居サンタローザを開設。
2017（平成29）年	4月	ライラック（児童発達支援事業・放課後等デイサービス）を開設。
	9月	すてきなクジラ（児童発達支援事業・放課後等デイサービス）を七飯町に開設。
2018（平成30）年	3月	麦の子館を開設。
		むぎのこ発達クリニック、麦の子館に移転。
	4月	トリニティ（生活介護事業）開設（麦の子館3階）。
		ショートステイホームむぎのこ移設（麦の子館3階）。
		むぎのこ保育園移転（麦の子館1階）。
		放課後デイサービスユスタバを開設。
		ホワイトハウス（共同生活援助）10棟目の住居カリブを開設（国庫補助）。
		札幌市里親トレーニング事業を一年間札幌市より受託（ペアレントトレーニングや研修会）。
	5月	イギリスのバーミンガムで開かれた世界インクルージョン大会（国際育成連盟主催世界会議）に参加。スウェーデン、フィンランド研修。
	6月	障害者文化芸術活動推進法制定。
	10月	ホワイトハウス住居マーガレットを移転。

2019（平成31・令和元）年	2月	スタディ（児童発達支援）を移転。
	4月	放課後デイサービスピッピを開設。
	5月	スタディ（児童発達支援）に放課後デイサービス事業を追加。
	11月	西尾心理臨床研究所開所。
	12月	ネパールで開かれたアジア知的障害会議に参加。
2020（令和2）年	4月	札幌市みかほ整肢園（医療型児童発達支援センター）指定管理受託。

執筆者（むぎのこのスタッフ）（五十音順、肩書きは執筆当時）

尾崎尚美　グループホームサービス管理責任者　卒園児母

木田美佳子　児童デイサービスジャンプレッツ児童指導員・事務員　卒園児母

木戸由利子　里親　卒園児母

國井博美　セーボネス（児童発達支援事業）児童発達支援管理責任者

櫻庭直美　児童デイサービスむぎのこ（放課後等デイサービス）児童発達支援管理責任者

佐々木由紀子　ブラックベリー（放課後等デイサービス）児童発達支援管理責任者　卒園児母

下川陽子　スカイブルー（放課後等デイサービス）児童発達支援管理責任者

下野由佳　ライオン（児童発達支援事業）児童発達支援管理責任者

新保京子　トゥモロー（放課後等デイサービス）看護師　卒園児母

鈴木友佳　むぎのこ児童発達支援センター児童発達支援管理責任者

高田隆一　社会福祉法人麦の子会理事　ジャンプレッツ（生活介護・就労移行支援多機能事業）施設長

髙本美明　子ども家庭ソーシャルワーク部長　公認心理師

竹内　透　ガブリエルホーム（ファミリーホーム）管理者　卒園児父

武田春人　心理相談支援部長

谷角美樹　ショートステイホームピース支援員

谷間恵里　むぎのこ児童発達支援センター栄養士

千葉麻衣　むぎのこ大通教室（児童発達支援・放課後等デイサービス）児童発達支援管理責任者

中井由子　心理相談支援部心理士　卒園児母

幅田千早　プレイ（児童発達支援事業）児童発達支援管理責任者

船木　香　むぎのこ児童発達支援センター地域支援マネージャー　卒園児母

船木一也　社会福祉法人麦の子会後援会会長

古家好恵　社会福祉法人麦の子会理事・統括部長

松本裕湖　ヨシア（児童発達支援事業・放課後等デイサービス）管理者　卒園児母

三浦好美　相談室セーボネス相談員　卒園児母

村井佳央莉　ライオン（放課後等デイサービス）児童発達支援管理責任者

山之内　順　グループホーム生活支援員　卒園児父

編者紹介

北川聡子（きたがわ さとこ）

1983年北星学園大学文学部社会福祉学科卒業と同時に麦の子学園を立ちあげる。

2005年アライアント国際大学・カリフォルニア臨床心理大学院日本校臨床心理学研究科修士課程修了。現在まで子どもの発達支援と家族支援に関わる。

社会福祉法人麦の子会理事長・総合施設長。公認心理師。

論文に「発達障がいの子どもを地域で育むソーシャルワーク」『ソーシャルワーク研究』44(4)、2019年)。共著に『子ども家庭福祉における地域包括的・継続的支援の可能性』(2020年)、『子育ての村「むぎのこ」のお母さんと子どもたち』(2021年)、いずれも福村出版。

小野善郎（おの よしろう）

和歌山県立医科大学卒業。同附属病院研修医、ひだか病院精神科医員、和歌山県立医科大学助手、和歌山県子ども・女性・障害者相談センター総括専門員、宮城県子ども総合センター技術次長、宮城県精神保健福祉センター所長、和歌山県精神保健福祉センター所長を歴任。現在、おのクリニック院長。精神保健指定医、日本精神神経学会精神科専門医、日本児童青年精神医学会認定医、子どものこころ専門医。

主著に『思春期の親子関係を取り戻す〔増補改訂版〕』(2022年)、『思春期の心と社会』(2022年)、『子育ての村「むぎのこ」のお母さんと子どもたち』(2021年)、『思春期の謎めいた生態の理解と育ちの支援』(2020年)、『思春期を生きる』(2019年)、いずれも福村出版。『心の病理学者　アドルフ・マイヤーとアメリカ精神医学の起源』(2021年)、『児童虐待対応と「子どもの意見表明権」』(2019年)、いずれも明石書店など。

子育ての村ができた！
発達支援、家族支援、共に生きるために
――向き合って、寄り添って、むぎのこ37年の軌跡

2020年6月25日　初版第1刷発行
2024年2月10日　　　第3刷発行

編　者　北川聡子
　　　　小野善郎
発行者　宮下基幸
発行所　福村出版株式会社
〒113-0034　東京都文京区湯島2-14-11
電話　03-5812-9702　FAX　03-5812-9705
https://www.fukumura.co.jp
印刷・製本　中央精版印刷株式会社

ISBN978-4-571-42075-7　Printed in Japan